全国易地扶贫搬迁年度报告 (2017)

QUANGUO YIDI FUPIN BANQIAN
NIANDU BAOGAO(2017)

国家发展和改革委员会◎编

人民出版社

目 录

CONTENTS

总 报 告

部 门 篇

地 方 篇

典型安置区巡礼

典型经验做法

附 录

前　言

　　党中央、国务院高度重视精准扶贫精准脱贫特别是易地扶贫搬迁工作。习近平总书记指出，全国大约有 1000 万贫困群众居住在深山、石山、高寒、荒漠化等"一方水土养不起一方人"的地方，要实施易地搬迁，将这部分人搬迁到条件较好的地方，从根本上解决他们的生计问题。习近平总书记特别强调，易地扶贫搬迁是一项复杂的系统工程，政策性强、难度大，要做好科学规划，落实资金和政策，保障搬迁人口有稳定收入，保障与当地群众享有相同的基本公共服务，确保"搬得出、稳得住、有事做、能致富"。国务院先后召开全国易地扶贫搬迁电视电话会议和（贵州）现场会，李克强总理两次作出重要批示，强调易地扶贫搬迁是全面建成小康社会、跨越"中等收入陷阱"的关键举措，要坚持尊重群众意愿，注重因地制宜，搞好科学规划，创新思路机制，统筹用好扶贫资金和资源，增强搬迁群众后续发展能力。汪洋副总理多次主持召开国务院扶贫开发领导小组会议，对易地扶贫搬迁工作进行周密部署。

　　2016 年是新时期脱贫攻坚和易地扶贫搬迁的开局之年。按照党中央、国务院部署，国家发展改革委、国务院扶贫办会同有关部门，把易地扶贫搬迁作为"十三五"时期的一项重大政策、重大举措、重大工程，全力予以推进，实现良好开局。一是初步建立易地扶贫搬迁"四梁八柱"政策体系。经国务院同意,国家发展改革委等五部委联合印发了"十三五"时期易地扶贫搬迁工作方案,全国"十三五"易地扶贫搬迁规划印发实施,住房建设面积控制、长期低息贷款筹措、土地增减挂钩等支持政策陆续出台,易地扶贫搬迁工作成效考核暂行办法等顶层设计相继完成,易地扶贫搬迁中央预算内投资、专项建设基金监督管理办法制定施行。22 个有易地扶贫搬迁任务的省(自治区、直辖市)按照"理顺机制、明晰目标、守住底线、精准脱贫"的要求,进一步强化责任、强力推进,工程建设管理、后续产业发展、税费减免等配套支持政策制定出台。二是基本建立易地扶贫搬迁工作推进机制。国务院扶贫开发领导小组每季度召开专题会,协调解决易地扶贫搬迁工作中的重大问题。国家发展改革委通过定期调度、印发政策指引、开展专项检查等方式,及时掌握和督促各地工作进度,会同有关部门和金融机构定期会商解决工作中出现的突出问题。22 个省份都建立了易地扶贫搬迁工作组织领导机构,明确了职责分工,组建了省级投融资主体和市县项目实施主体。三是形成易地扶贫搬迁工作的良好氛围。易地扶贫搬迁既是民生工程,也是民心工程,受到了社会各界的关注和贫困地区干部群众的欢迎,有关部门和地方加大政策宣讲和宣传引导力度,及时总结推广典型经验做法,为新时期易地扶贫搬迁工作创造了良好条件,营造了良好氛围。截至 2016 年年底,全国 22 个省(自治区、直辖市)1282 个县(区)易地扶贫搬迁项目已全部开工,安置住房、配套基础设施和基本公共服务等建设有序推进,产业发展、务工就业、公益岗位、资产收益扶持、低保兜底等脱贫措施陆续到位,全年 249 万人易地扶贫搬迁建设任务顺利完成。

当前,脱贫攻坚已经进入攻坚拔寨的冲刺阶段。易地扶贫搬迁是脱贫攻坚的"头号工程"和"标志性工程",也是"五个一批"中最难啃的"硬骨头",任务十分艰巨。2017 年 2 月 21 日,习近平总书记在中央政治局第 39 次集体学习时再次强调,要组织好易地扶贫搬迁,坚持群众自愿原则,合理控制建设规模和成本,发展后续产业,确保搬得出、稳得住、逐步能致富。李克强总理在 2017 年《政府工作报告》中提出,今年再完成 340 万人易地扶贫搬迁。我们将按照党中央、国务院的决策部署,坚持精准扶贫精准脱贫基本方略,坚持问题导向、目标导向,进一步夯实脱贫措施,精准到户到人,严防形式主义;进一步强化标准控制和质量监管,控制建设成本和规模,坚决杜绝堆盆景、垒大户;进一步强化督导考核问责,加快工程项目建设进度,确保政策执行不走偏;进一步激发搬迁群众内生动力,帮助其融入新社区新生活,引导搬迁群众自力更生、光荣脱贫;进一步强化舆论宣传引导,加强政策解读,讲好贫困户易地搬迁脱贫故事,确保完成全年易地扶贫搬迁建设任务,以更加优异的成绩迎接党的十九大胜利召开。

本报告由国家发展改革委地区经济司具体负责编写,在编写过程中,财政部农业司、中国人民银行金融市场司、国务院扶贫办规划财务司和国家开发银行扶贫金融事业部、中国农业发展银行扶贫金融事业部以及河北等 22 个省(自治区、直辖市)发展改革委等有关方面给予了大力支持,在此一并致谢。

编　者

2017 年 3 月

总　报　告

深入贯彻落实精准扶贫精准脱贫
全力推进新时期易地扶贫搬迁工程

国家发展改革委

新时期易地扶贫搬迁工作启动实施以来,按照习近平总书记重要讲话和指示精神以及李克强总理批示指示要求,在国务院扶贫开发领导小组的坚强领导和汪洋副总理的亲自部署、直接推动下,有关部门和地方深入贯彻落实中央扶贫开发工作会议、全国易地扶贫搬迁工作电视电话会议和全国易地扶贫搬迁(贵州)现场会精神,按照"管住两头、放开中间"的思路,积极主动作为,狠抓工作落实,不断健全工作机制、强化规划引领、出台配套政策、加强资金保障,及时纠偏纠错,扎实推进工程建设,落实后续脱贫措施,推动新时期易地扶贫搬迁工作实现了良好开局。

一、2016 年开展的主要工作

(一)建立健全规划政策体系,完成制度顶层设计

一是制定出台相关支持政策。针对各地在落实"十三五"易地扶贫搬迁工作方案中存在的突出问题,国家发展改革委、国务院扶贫办及时出台住房建

设面积控制政策,强调建档立卡搬迁户人均住房建设面积不得超过25平方米的"红线"。同时,中国人民银行出台信贷资金筹措方案,督促指导有关金融机构优化贷款管理、加快贷款投放速度。财政部明确中央财政贷款贴息政策,规范贴息资金申请下达和使用管理流程。国土资源部为每个国家扶贫开发工作重点县专项安排新增建设用地计划600亩,并允许贫困县将土地增减挂钩节余指标在省域范围内流转使用。国家开发银行、中国农业发展银行细化完善信贷支持政策和内控制度。二是编制实施"十三五"易地扶贫搬迁规划。经国务院同意,国家发展改革委于2016年9月印发实施《全国"十三五"易地扶贫搬迁规划》,明确了"十三五"时期的指导思想、目标任务、资金来源、运作模式、保障措施等。督促指导地方同步编制省级和市(县)级"十三五"规划,建立自上而下的规划体系。三是加强考核监督制度建设。国家发展改革委会同国务院扶贫办印发实施《易地扶贫搬迁工作成效考核暂行办法》,明确考核对象、内容、程序和结果运用、奖惩措施等,强化后续脱贫成果考核,压紧压实省级政府责任。制定出台易地扶贫搬迁中央预算内投资、专项建设基金监督管理暂行办法等。

（二）及时下达年度搬迁任务,强化工程建设资金保障

一是会同有关部门下达22个省份2016年易地扶贫搬迁任务249万人,同步下达年度贴息贷款控制规模828.5亿元和中央预算内投资193.6亿元,一次性切块下达"十三五"时期专项建设基金规模500亿元,加上财政部2015年年底切块下达的地方政府债务规模1000亿元,有效保障了工程建设所需资金。截至2016年12月底,中央预算内投资已全部下达到项目,专项建设基金、贴息贷款、地方政府债等渠道资金也按建设进度陆续到位。二是指导22个省份按照"物理隔离、封闭运行"的原则,完成易地扶贫搬迁省级投融资主体组建工作,督促省级政府与省级投融资主体签订政府购买服务协议,理顺省级投融资主体与县级实施主体的资金承接使用关系。

（三）组织开展政策宣讲解读，确保系好第一颗扣子

一是按照国务院扶贫开发领导小组统一部署，2016 年 3 月，中央农办、国家发展改革委等五部门赴贵州、四川、陕西、甘肃等 10 个重点省份开展政策宣讲和工作督导。4 月，国家发展改革委又组织 22 个省份集中开展政策宣讲，宣讲范围下沉到县、乡、村三级，初步统计，直接听取宣讲的基层干部群众超过 10 万人。二是组织有关部门到相关省份开展调研、宣讲政策，指导国家开发银行、中国农业发展银行举办 6 期专题培训班，重点围绕投融资政策、资金运作模式、操作流程及土地增减挂钩政策等进行培训。三是向地方编发《"十三五"时期易地扶贫搬迁工作政策指引》，阐释重点政策，推介典型经验，通报苗头性、倾向性问题，全年共编发 16 期。四是以"精准搬迁、精准脱贫"为主题，举办 2016 年扶贫日论坛易地扶贫搬迁平行论坛，解读交流政策要点，探讨各地典型经验做法。

（四）强化督导检查和跟踪调度，防止出现颠覆性错误

按照中央领导同志"以督导考核之严，确保易地扶贫搬迁工作之实"的重要指示，一是组织开展全面自查。2016 年 6 月，组织 22 个省份就易地扶贫搬迁政策执行情况进行全面自查，各省份共派出 50 余个检查组，对 440 个县 1436 个安置区项目和 537 个迁出点进行了实地检查，入户走访建档立卡搬迁户 2912 户 10856 人。通过自查，要求对发现的部分地方搬迁对象识别不够精准、新老政策衔接执行难度大、部分省份项目建设进度缓慢、资金运作机制有待完善、税费负担较重、个别地方住房建设面积超标等问题分别进行整改纠偏。二是筹备召开全国现场会。经国务院同意，8 月 22 日至 23 日，在贵州省召开全国易地扶贫搬迁现场会，李克强总理作出重要批示，汪洋副总理出席会议并作重要讲话，针对工作中存在的搬迁目的不明确、标准掌握不恰当、机制运作不顺畅等问题，要求各地加强组织领导、强化脱贫导向、理顺工作机制、推进项目建设、促进自力更生、推进考核监督，确保搬迁一户、脱贫一户。会后，国家发展改革委即印发贯彻落实意见，并组织召开发展改革系统工作推进会，

推动各地按照现场会精神对照检查,确保年度目标任务如期完成。三是做好定期调度和定点监测。建立定期调度机制,及时调度和通报各省(自治区、直辖市)项目推进、资金承接、脱贫措施落实等进展情况,督促进度滞后省份加快工程项目建设。组织开展典型安置点监测联系工作,在10个重点省份选择约30个不同类型安置点进行定点联系和跟踪监测。四是开展督导检查和专项稽察。组织有关方面先后赴贵州、广西、云南、湖南、湖北、西藏、新疆、陕西等多个省份开展督导检查,针对检查中发现的问题,对12个省份下发了限期整改通知。11月底,国家发展改革委组织8个稽察组,重点对贵州、陕西、四川、广西、湖北、湖南、云南、甘肃等8省(自治区)32个县(市、区)进行专项稽察。

一年来,22个省(自治区、直辖市)党委、政府高度重视,大力推进易地扶贫搬迁工作。建立完善工作机制,各地均成立了易地扶贫搬迁工作领导小组或协调机制,明确职责分工层层分解落实,完成省级投融资主体组建和运营,省级政府或授权部门已与省级投融资主体签订政府购买服务协议。研究出台配套政策,湖南、贵州、甘肃、湖北等省份陆续配套出台了扶持后续产业发展、税费减免、资金管理、工程项目管理等专项政策。加快推进项目建设,湖北、贵州、四川、安徽等多个省份组织召开现场观摩会;贵州省派出4个工作组按片区常年开展督查,实行挂图作战;湖北省建立"一天一报告、一周一通报、一旬一督查、一月一拉练"机制。强力落实督导问责,四川省研究制定易地扶贫搬迁自查标准,督促各地对标自查,对工程建设进度慢的直接向县(市)党委、政府主要负责同志通报;贵州省对部分工作推进不得力的干部进行约谈和问责,视情况给予党纪政纪处分。

截至2016年年底,22个省(自治区、直辖市)的19087个易地扶贫搬迁项目已全部开工,完成住房建设73万套,产业发展、务工就业、公益岗位、资产收益扶持、低保兜底等脱贫措施陆续到位。总的看,新时期易地扶贫搬迁"四梁八柱"政策框架和制度体系基本成型,开局总体进展比较顺利,2016年249万人易地扶贫搬迁建设任务顺利完成。

二、2017年工作思路和打算

2017年是脱贫攻坚承上启下、全面突破的关键一年,也是易地扶贫搬迁安置规模迎来的第一个高峰年,更是巩固前期成果、及时发现和纠正问题、全力攻坚拔寨的关键一年。国家发展改革委将会同有关部门和地方,认真贯彻落实中央经济工作会议、中央农村工作会议和全国扶贫开发会议精神,按照全国易地扶贫搬迁工作电视电话会议和全国易地扶贫搬迁(贵州)现场会要求,坚持问题导向、目标导向,把督导调研、推进落实作为2017年工作的重中之重,以检查督导促工作落实,以落实整改促高效推进,严防形式主义,进一步夯实脱贫措施,进一步加快项目建设,进一步强化考核问责,充分调动搬迁群众自力更生建设美好家园的积极性、主动性和创造性,确保各项政策措施精准落地不走偏,努力完成全年约340万建档立卡贫困人口搬迁建设任务,以优异成绩迎接党的十九大胜利召开。

(一)深化调研查找问题

一是组织有关部门针对地方工作推进中遇到的新情况、新问题开展专题调研,重点就搬迁对象调整核定、宅基地复垦和土地增减挂钩政策运用、资金拨付和上下承接、后续脱贫发展等问题,及时提出意见建议,不断调整完善相关政策。二是组织22个省份开展交叉调研考察,互相交流借鉴经验,查找问题不足。三是委托有关机构对已建成安置点和已搬迁入住贫困户开展抽样调查,对重点省份政策执行情况进行常态化巡访暗访,及时发现问题。四是组织召开2017年全国易地扶贫搬迁现场会,通过现场观摩和"样板"推介,进一步推动各地对标自查、规范整改。

(二)强化督查推进落实

一是组织有关部门开展全面督查核查,重点检查2016年度目标任务完成、重点政策执行、资金项目管理、搬迁安置和稳定脱贫等情况，特别是加强对后续脱贫措施落实情况的督查指导。二是依据《易地扶贫搬迁工作成效考核暂行办法》要求，结合部门督查核查和机构评估结果，对22个省份2016年工作成效进行试考核，依据考核结果，提出激励或整改意见。三是继续开展专项稽察，对2016年稽察整改落实情况"回头看"，对2017年政策执行、项目推进等情况进行重点抽查，实现22个省份全覆盖。

（三）加强调度确保进度

一是下达2017年搬迁任务、中央预算内投资和财政贴息贷款控制规模，督促国家开发银行、中国农业发展银行有序投放专项建设基金和贴息贷款，指导省级投融资主体合理匹配各渠道资金，充分保障工程建设资金需求。二是不断完善工作进度定期调度机制，实时掌握各地工程项目建设、搬迁入住、后续脱贫、资金到位进度，采取通报、约谈等方式，加大对进度滞后省份的督促力度。三是继续开展典型安置区定点监测联系工作，通过长期跟踪监测，为进度调度和督促指导提供实证依据。四是协调相关部门督导地方切实做好搬迁群众的就业脱贫工作。

（四）严格管理规范程序

一是督促指导各地结合实际出台易地扶贫搬迁工程项目管理办法，按照项目建设程序和"四制"要求强化项目管理，确保工程质量。二是推动地方建立项目联署审批机制，优化项目用地、环评等审批手续，打通项目建设"最后一公里"。三是会同最高人民检察院、国务院扶贫办开展易地扶贫搬迁预防监督项目挂牌督办，重点预防和查办关键环节职务犯罪。四是加大对各渠道资金的监督检查和跟踪审计力度，确保资金专款专用、封闭运行，坚决查处挤占挪用截留贪污等行为。

（五）注重宣传引导舆论

一是推出全国易地扶贫搬迁门户网站，开通全国易地扶贫搬迁作战图，同步兼容数据信息库和监测调度系统,充分宣传展示新时期易地扶贫搬迁政策要求和工作成效。二是继续编发易地扶贫搬迁工作政策指引,针对发现的问题及时与有关部门会商,研究提出明确的指导意见,推动基层干部群众更加全面准确理解政策规定。三是加大宣传引导力度,集中推出一批典型案例、典型人物和典型事迹,讲好搬迁农户脱贫致富故事,形成良好舆论氛围。

(六)落实责任完善机制

一是严格落实"中央统筹、省负总责、市县抓落实"的管理体制,切实发挥省级政府主体责任,强化制度建设,理顺工作机制,加强监督检查,确保易地扶贫搬迁质量和成效。二是按照中央"管住两头、放开中间"的要求,进一步完善部门沟通协调机制,充分调动有关部门和金融机构的积极性主动性,合力做好政策指导、资金筹措、监督考核等工作。三是鼓励搬迁群众积极主动参与安置区建设,帮助其尽快融入新社区、新环境,激发贫困群众自力更生、艰苦奋斗的内生动力,引导其实现光荣脱贫。

部 门 篇

加大财政支持力度
确保脱贫攻坚首战必胜

财政部

◇◇

一、2016 年工作情况

易地扶贫搬迁是"十三五"脱贫攻坚揭幕战,是党中央、国务院部署的脱贫攻坚重大工程。中央财政高度重视易地扶贫搬迁工作,立足财政部门职能,抓好中央的决策部署落实工作。

一方面,积极落实财政支持易地扶贫搬迁有关政策。2016 年,财政部按照国务院领导同意的筹资方案和实施方案,立足财政部门职能,积极落实有关财政支持政策,确保首战必胜。3 月,财政部会同国务院扶贫办印发了《关于做好易地扶贫搬迁贷款财政贴息工作的通知》(财农〔2016〕5 号),明确贷款贴息政策。6 月,印发了《财政部关于拨付 2016 年财政扶贫资金的通知》(财农〔2016〕64 号),下达易地扶贫搬迁贷款贴息资金 29.82 亿元,支持地方落实贷款筹资。此外,通过贴息引导中央专项建设基金支持实施易地扶贫搬迁。

另一方面,加强易地扶贫搬迁工作的督促指导,不断研究完善有关政策。2016 年 3 月,财政部分管副部长率队赴河南、河北两省宣讲"十三五"易地扶贫搬迁政策,指导有关省份按照中央部署推进这一工作。为及时了解各地搬迁工作进展情况、遇到的问题和困难，我们在财政系统建立了易地扶贫搬迁有关情况定期报告制度。针对各地反映的问题和建议，及时研究完善相关政策。8月，财政部印发了《财政部关于易地扶贫搬迁贷款有关问题的批复》（财预〔2016〕114号），明确省级投融资主体贷款如何管理等重大政策。9月，印发了《财政部关于城乡建设用地增减挂钩支持易地扶贫搬迁有关财政政策问题的通知》（财综〔2016〕36号），明确利用城乡建设用地增减挂钩政策支持易地扶贫搬迁相关的收费政策。

此外，积极配合编制《全国"十三五"易地扶贫搬迁规划》，召开全国易地扶贫搬迁平行论坛，配合研究出台《易地扶贫搬迁工作成效考核暂行办法》。

二、2017年初步打算

2017年，脱贫攻坚战进入关键阶段。进一步做好易地扶贫搬迁工作，对于确保完成年度脱贫任务非常重要。中央财政将贯彻落实党中央、国务院的决策部署，按照《全国"十三五"易地扶贫搬迁规划》要求，继续支持做好易地扶贫搬迁工作。一是及时拨付易地扶贫搬迁贷款贴息资金，指导各地做好年度搬迁任务对应的筹资工作。二是加强易地扶贫搬迁资金监管，确保资金安全和高效使用。三是进一步加强对易地扶贫搬迁工作的指导，督促各地严格落实搬迁政策，确保易地扶贫搬迁工作稳步有序推进。

切实为易地扶贫搬迁提供落地空间

国土资源部

一、2016年支持易地扶贫搬迁工作情况

（一）调整完善土地利用总体规划

2016年6月22日，国土资源部印发了《全国土地利用总体规划纲要（2006—2020年）调整方案的通知》（国土资发〔2016〕67号）（以下简称《调整方案》）。《调整方案》提出各地在土地利用总体规划调整完善中，应充分考虑所在地区扶贫开发及易地扶贫搬迁需要，统筹安排建设用地规模、结构和布局，优先安排脱贫攻坚、社会民生等用地，切实为贫困地区扶贫开发及易地扶贫搬迁工作提供落地空间。

（二）加大新增建设用地指标支持

在分解下达新增建设用地指标时，向国家扶贫开发工作重点县倾斜。从2015年起，对国家扶贫开发工作重点县每县分别安排用地计划指标300亩，2016年，每县分别加大到600亩，专项用于支持易地扶贫搬迁地区扶贫攻坚建设，促进贫困地区脱贫致富。

（三）加大城乡建设用地增减挂钩支持

近年来，在分解下达增减挂钩指标时，充分考虑易地扶贫搬迁工作需要，对集中连片特困地区和国家扶贫开发工作重点县所在省份加大了增减挂钩支持，并要求各省（自治区、直辖市）向国家扶贫开发重点县倾斜，鼓励通过建设用地增减挂钩优先解决易地扶贫搬迁安置所需建设用地。此外，2016年2月17日，国土资源部印发了《关于用好用活增减挂钩政策积极支持扶贫开发及易地扶贫搬迁工作的通知》（国土资规〔2016〕2号），允许开展易地扶贫搬迁的地区可将增减挂钩节余指标在省域范围内流转使用，充分显化土地增值收益、增减挂钩收益，按照工业反哺农业、城市支持农村的要求，及时全部返还贫困地区，确保通过增减挂钩让实施扶贫开发及易地扶贫搬迁的农民受益。

（四）支持有条件的易地扶贫搬迁地区开展历史遗留工矿废弃地复垦利用、城镇低效用地再开发和低丘缓坡荒滩等未利用地开发利用试点

一是支持开展历史遗留工矿废弃地复垦利用。2016年，国土资源部在继续深入开展工矿废弃地复垦利用工作中，充分考虑了扶贫攻坚地区需求，对于确实具有资源潜力，符合开展条件的地方，积极予以支持，选择矿区面积比较集中、具备一定规模的地区，整合工矿废弃地复垦利用、绿色矿业发展示范区和矿山环境恢复治理等政策手段，扩大政策和试点政策效益，有效地促进了贫困地区耕地保护和节约集约用地，改善了生态环境，推动了工业化、城镇化、农业现代化发展。二是支持开展城镇低效用地再开发。2016年，国土资源部全面贯彻落实中央提出的节约优先战略，结合扶贫开发及易地扶贫搬迁地区实际，积极开展城镇低效用地再开发，研究制定了《关于深入推进城镇低效用地再开发的指导意见（试行）》（国土资发〔2016〕147号）。通过对旧城镇、旧工矿、旧村庄改造开发，加强基础设施建设，改造危旧住房，配建保障性住房，发展扶贫产业，拓宽了就业渠道，改善了城乡居民居住环境，推动了土地节约集约利用，提高了城镇土地综合承载力，为新型城镇化发展、危房改造、扶贫产业发展提供了用地空间。三是支持开展低丘缓坡荒滩等未利用地开发利用。

2016 年是首批低丘缓坡荒滩等未利用地试点实施的最后一年,国土资源部结合国土资源管理工作的新定位新要求,充分考虑扶贫开发及易地扶贫搬迁地区用地实际,统筹推进试点工作,采取措施进行探索创新,推进低丘缓坡荒滩等未利用土地开发利用,充分发挥欠发达地区的土地资源优势,为扶贫攻坚、加快易地扶贫搬迁地区经济社会发展提供有力支撑。

二、2017 年的工作思路和建议

一是指导、督促各省(自治区、直辖市)编制省级土地利用总体规划调整方案,并逐级抓好落实,确保上下级规划之间的协调衔接。二是进一步加大新增建设用地指标支持,继续对国家扶贫开发工作重点县专项安排用地计划指标。三是进一步完善增减挂钩政策,拓展增减挂钩工作,增减挂钩指标继续向扶贫开发及易地扶贫搬迁地区倾斜,促进精准扶贫、精准脱贫。四是继续深入开展工矿废弃地复垦利用工作,充分考虑扶贫开发及易地扶贫搬迁地区需求,不断创新和完善政策措施,在更大范围内鼓励开展工矿废弃地复垦利用。五是做好低效用地相关政策解读,结合扶贫开发及易地扶贫搬迁地区实际,积极开展城镇低效用地再开发,推动土地节约集约利用,提高城镇土地综合承载力,为新型城镇化发展、危房改造、扶贫产业发展提供用地空间。六是督促和指导有关地方进一步总结提升低丘缓坡荒滩等未利用地试点工作,尊重自然规律,遵循新发展理念,促进扶贫开发及易地扶贫搬迁地区未利用地规范有序开发利用。

为易地扶贫搬迁提供有力金融支撑

中国人民银行

◆◇

一、金融支持易地扶贫搬迁有关情况

中国人民银行高度重视易地扶贫搬迁金融服务工作,先后召开全国金融助推脱贫攻坚电视电话会议、金融扶贫工作座谈会,认真贯彻落实中央扶贫开发工作会议和全国易地扶贫搬迁工作电视电话会议精神,按照五部门《"十三五"时期易地扶贫搬迁工作方案》(发改地区〔2015〕2769号)要求,制定完善易地搬迁金融政策,支持易地搬迁信贷资金筹集发放,为易地搬迁提供有力有效的金融支撑。

(一)制定完善金融支持政策措施,支持易地扶贫搬迁顺利开展

制定了易地扶贫搬迁信贷资金筹措方案,明确易地扶贫搬迁专项金融债发行额度、发行方式、发行期限、支持措施以及资金用途等内容,保障信贷资金顺利筹集。同时,制定印发《中国人民银行关于做好2016年易地扶贫搬迁信贷资金筹措及信贷管理服务工作的通知》(银发〔2016〕115号),要求相关金融机构按照五部门下达各省(自治区、直辖市)2016年易地扶贫搬迁任务和贴息贷款规模,确定2016年易地扶贫搬迁专项金融债发行计划,制定信贷资金

使用具体管理办法,并结合各地搬迁项目进展和信贷资金实际需求,加紧与相关省(自治区、直辖市)加强项目衔接,扎实做好信贷资金投放与管理服务工作。

(二)加强督促指导,保证易地扶贫搬迁资金专款专用

会同国家发展改革委、银监会、国务院扶贫办联合印发《关于加快2016年易地扶贫搬迁信贷资金衔接投放有关事宜的通知》(银发〔2016〕258号),要求相关金融机构抓紧对接落实辖区内贴息贷款规模任务,并明确易地搬迁合同贷款利率原则上在扶贫专项金融债券发行成本基础上加1.3个百分点,最高不超过同期限贷款基准利率,适当简化贷款手续,控制贷款风险。推动各级发改、国土、环保和住建等部门开展联署办公,建立项目审批绿色通道,加快完善审批手续,促进信贷资金及时申请和发放。

(三)创新金融产品和服务,全面做好安置区生产就业配套金融服务

鼓励金融机构针对贫困地区实际情况和建档立卡贫困户易地搬迁后多元化融资实际需求特点,因地制宜积极创新金融产品和服务方式,并加大创业担保贷款、扶贫贴息贷款、扶贫小额信贷和联保贷款等政策措施实施力度,支持易地扶贫搬迁贫困人口就近就地生产生活和就业创业。改进金融精准扶贫政策效果评估制度,提高评估工作的针对性、精准度和导向力,督促和引导金融机构不断提升贫困地区金融服务水平。

二、下一步工作考虑

2016年易地扶贫搬迁专项金融债发行和信贷资金投放工作顺利推进,下一步,我们将继续加强与有关部门沟通协调,按照2017年易地扶贫搬迁建设任务搬迁计划,统筹做好易地扶贫搬迁专项金融债发行和信贷资金及时投放工作。加强对发债募集资金投向、用途、额度、利率、绩效等情况的动

态跟踪监测统计,进一步督促国家开发银行、中国农业发展银行加强资金衔接投放和管理服务,保证易地扶贫搬迁工程顺利开展和资金专款专用。同时,继续做好安置区基础设施建设和产业发展配套金融服务,助力建档立卡搬迁人口"搬得出、稳得住、有事做、能致富"。

精准识别　推动易地扶贫搬迁
实现良好开局

国务院扶贫办

为贯彻落实中央领导指示精神,切实做好易地扶贫搬迁工作,国务院扶贫办和国家发展改革委、财政部、国土资源部、中国人民银行密切配合,加强组织领导,2016年易地扶贫搬迁工作开局良好,工作进展总体顺利。

一、2016年工作开展情况

(一)进一步核实易地扶贫搬迁对象

为了核准易地扶贫搬迁人口规模,2016年2月4日,印发《国务院扶贫办行政人事司关于开展2015年度扶贫对象动态管理和信息采集工作的通知》,将易地扶贫搬迁户信息迁移至扶贫开发信息系统,督促各省(自治区、直辖市)对需要搬迁的贫困户进行逐一识别认定,并在系统中作出标注,补录相关信息,实现了从基本精准到比较精准的转变。

(二)出台相关政策措施

为保证易地扶贫搬迁工作顺利开展,国务院扶贫办积极加强与国家发展改革委、财政部等部门的沟通和协调,及时出台相关政策文件,并针对各地执行过程中出现的困难和问题，采取措施，加强监督和指导。与国家发展改革委联合印发《关于请抓紧做好 2016 年易地扶贫搬迁年度规模和"十三五"搬迁进度调整工作的函》《关于严格控制易地扶贫搬迁住房建设面积的通知》《易地扶贫搬迁工作成效考核暂行办法》，与财政部联合印发《关于做好易地扶贫搬迁贷款财政贴息工作的通知》，与国家发展改革委、财政部、中国人民银行联合印发《关于下达 2016 年易地扶贫搬迁任务和贴息贷款规模的通知》，与中国人民银行、国家发展改革委、银监会联合印发了《关于加快 2016 年易地扶贫搬迁信贷资金衔接投放有关事宜的通知》，配合国家发展改革委完成了《全国"十三五"易地扶贫搬迁规划》。

（三）组织开展调查研究

为了解"十三五"易地扶贫搬迁对象的基本情况，2016 年，开展了"十三五"易地扶贫搬迁建档立卡贫困人口研究工作。利用建档立卡大数据平台对规划搬迁人口进行统计分析，形成了《全国移民搬迁农户数据分析报告》；对搬迁人口在 50 万人以上的 8 个搬迁大省进行了抽样调查，形成《易地扶贫搬迁调研报告》。

为掌握各地搬迁进展情况，赴山西、内蒙古、福建、江西、湖北、广西、四川、贵州、云南、西藏、陕西、甘肃、青海和宁夏等地，实地了解项目实施进度、省级投融资主体运行、县级项目实施主体作用等情况，并对存在的苗头性、倾向性问题提出改进建议。为保证政策执行准确到位，针对中纪委在《每日汇报》中反映的易地扶贫搬迁工作中存在的问题，2016 年 6 月 13—15 日会同国家发展改革委赴贵州省开展实地督查，督促整改，并形成调研报告上报国务院有关负责同志。为支持西藏自治区做好易地扶贫搬迁工作，9 月 9—16 日，会同国家发展改革委、财政部组成联合调研组，针对西藏增加搬迁规模的合理性等问题进行了实地调研，形成报告。

（四）加强政策宣讲和培训工作

根据国务院扶贫开发领导小组统一部署，2016 年 3 月 17—21 日，欧青平副主任带队赴广西、甘肃两省（自治区）开展易地扶贫搬迁政策宣讲指导。

根据李克强总理和汪洋副总理批示精神，与国家发展改革委共同印发了《关于抓紧组织开展易地扶贫搬迁政策宣讲解读工作的通知》，要求 22 个有易地扶贫搬迁任务的省（自治区、直辖市），组织开展政策宣传，准确把握中央精神，确保项目实施不走偏、不走样。与国家发展改革委联合国家开发银行、中国农业发展银行组织开展易地扶贫搬迁投融资工作专题培训班，指导各省（自治区、直辖市）利用省级投融资主体承接好各渠道资金，加快易地扶贫搬迁实施进度。

二、下一步工作打算

2017 年，我们将继续与国家发展改革委、财政部等部门密切配合，加大工作力度，确保易地扶贫搬迁工作顺利推进，取得预期效果。

（一）组织开展试考核工作

根据出台的成效考核暂行办法，联合国家发展改革委等部委对 2016 年 22 个省（自治区、直辖市）易地扶贫搬迁工作进行试考核。

（二）加强调查和研究

继续开展搬迁对象的跟踪监测工作。加强对各地工作的调研，发现问题和不足，了解典型经验和做法，编写典型案例汇编。

（三）适时召开易地扶贫搬迁工作交流研讨会

组织 22 个省（自治区、直辖市）扶贫系统工作人员就搬迁对象识别、后期扶持等工作进行交流和讨论，就项目实施过程中存在的困难和问题进行研讨。

推动机制模式建设
实现融资承诺发放全覆盖

国家开发银行

◇─◇

一、2016年工作进展

党的十八大以来,特别是中央扶贫开发工作会议召开以后,国家开发银行坚决贯彻落实党中央、国务院关于做好易地扶贫搬迁工作的决策部署,从健全机制、完善制度、创新模式等方面入手,运用开发性金融原理和方法,不断加大对易地扶贫搬迁工作的融资融智支持力度。全国首笔省级统贷贷款、基金发放均由国家开发银行实现。截至2016年12月末,国家开发银行已完成全国有易地扶贫搬迁任务的全部22个省(自治区、直辖市)的贷款承诺4461亿元,发放贷款311亿元。在易地扶贫搬迁专项建设基金中,完成21个省(自治区、直辖市)的专项建设基金审批216亿元,投放专项建设基金199亿元。

（一）发挥融智优势,深化银政合作

国家开发银行积极参与各省(自治区、直辖市)脱贫攻坚政策研究和方案设计,与河北、山西、内蒙古、吉林、安徽、福建、江西、山东、河南、湖北、湖南、广西、重庆、四川、贵州、云南、陕西、甘肃、西藏等19个省(自治区、直辖市)签订了开发性金融支持脱贫攻坚合作协议,为推进脱贫攻坚奠定了坚实基础。加强与省级发改、财政、扶贫等部门沟通对接,积极配合和支持地方政府编制"十三五"易地扶贫搬迁规划和设计易地扶贫搬迁融资方案。另外,国家开发银行扶贫金融事业部成立后,事业部组织 10 个调研组分赴新疆、湖南、云南等 10 个重点省份调研,深入宣介国务院有关会议精神和易地扶贫搬迁相关政策,推动各地易地扶贫搬迁项目贷款承诺和发放。

(二)坚持"省负总责",统筹推进工作

按照《中共中央　国务院关于打赢脱贫攻坚战的决定》关于建立和完善省级扶贫开发投融资主体的要求,协助全部有易地扶贫搬迁任务的 22 个省(自治区、直辖市)完成省级投融资主体组建工作,重点就公司治理、主要职责、运作模式、资金整合以及设立方式为地方政府提出意见建议和提供咨询服务。按照"易地扶贫搬迁到省"的思路统筹推进有关工作,研究推广政府购买服务模式支持易地扶贫搬迁等项目建设,提出省级"统一贷款、统一采购、统一还款"的融资模式,充分发挥省级政府部门的统筹、协调、保障优势,做好易地扶贫搬迁贷款和专项建设基金工作。

(三)理顺资金机制,做到精准投放

根据 2016 年 3 月 14 日汪洋副总理"理顺从中央到省、市(县)的资金运作机制,做到上下贯通"的指示精神,在国家发展改革委的组织下,研究设计省市政府、省级投融资主体、市县实施主体多方参与的易地扶贫搬迁资金管理机制,建立省、市、县三级资金管理体系,为各省份提供《易地扶贫搬迁专项贷款资金管理办法》,推动各省份出台省级资金管理文件。通过打通资金借、用、管、还各环节,实现资金上下路径贯通和良性循环,确保各项易地扶贫搬迁资金精准投放、高效运行。4 月 26—27 日,国家开发银行配合国家发展改革委承办"全国易地扶贫搬迁投融资工作专题培训班",加深各地对投融资政策、资金运作机制和操作流程的把握,有效推进各省份易地扶贫搬迁投融资有序开展。

（四）简化流程与管控风险并重，确保工作持续发展

国家开发银行平衡好控制风险与简化贷款手续的关系，针对易地扶贫搬迁业务特点提出差异化信贷政策。简化内部审批流程，将贷款评审工作前移并加大分行审批权限。建立项目审批绿色通道，有效提高资金投放效率，努力为易地扶贫搬迁提供高效便捷的贷款服务。同时，通过精细化、科学化的信贷管理，调动多方管理力量，避免资金沉淀，保证资金"放得出、管得好、收得回"。

（五）统一信贷政策，提供优惠信贷支持

国家开发银行积极配合中国人民银行研究起草易地扶贫搬迁信贷政策，就贷款的申报、利率、期限及资金拨付等信贷管理主要环节建言献策，推动建立流程简化、定价优惠、政策统一的易地扶贫搬迁信贷体系。中国人民银行等四部委《关于加快2016年易地扶贫搬迁信贷资金衔接投放有关事宜的通知》（银发〔2016〕258号）出台后，国家开发银行根据统一定价规则，实行专项金融债券发行成本基础上加固定点数的定价政策，为易地扶贫搬迁业务提供最优惠利率水平，切实降低融资成本。

（六）创新支持模式，强化脱贫导向

积极贯彻落实全国易地扶贫搬迁（贵州）现场会精神，结合国家开发银行实际研究出台《关于贯彻落实全国易地扶贫搬迁现场会精神进一步做好易地扶贫搬迁工作的意见》（开行办〔2016〕57号），进一步理顺工作机制，把脱贫攻坚目标贯穿易地扶贫搬迁工作全过程，深化规划研究，推进城乡统筹，加大对搬迁安置区后续产业发展的支持力度，确保搬迁群众"搬得出、稳得住、有事做、能致富"。

二、2017年工作计划

2017年，国家开发银行将继续发挥扶贫金融主力军的作用，在政策、模

式、融智等方面支持全国易地扶贫搬迁工作取得新进展。

（一）加强政策倾斜，加大资金投放力度

继续为建档立卡贫困人口易地扶贫搬迁工作开辟审批绿色通道，做好建档立卡贫困人口易地扶贫搬迁贷款和专项建设基金工作。根据中央统一部署，积极推动地方政府尽快落实合同签订和贷款发放条件，结合 2017 年建设进度，高效、有序、合规推进易地扶贫搬迁信贷资金和专项建设基金投放，积极配合有关部委、地方政府按时保质保量完成 2017 年易地扶贫搬迁任务。

（二）创新融资模式，全方位支持易地扶贫搬迁

一是研究创新支持模式，统筹运用扶贫资源，发挥政策合力，将资金支持拓展到易地扶贫搬迁工程系统的各个方面，与新农村建设、农业现代化和生态建设相结合，支持非建档人口同步搬迁、安置区基础设施建设、搬迁群众接受就业技能培训和职业培训，以及迁出区土地复垦整理和生态环境恢复工程等。二是强化脱贫导向，探索易地扶贫搬迁与产业发展结合。协助地方政府编制易地扶贫搬迁与产业发展结合的系统性融资规划。统筹整合资金，支持贫困群众就业增收，实现彻底持久脱贫。三是发挥国家开发银行作为扶贫开发综合金融协调人的作用，通过"投资、贷款、债券、租赁、证券"等综合金融服务，建立市场化运作模式和有效风险防范机制，形成"政府主导、财政支持、金融服务、市场运作"的可持续扶贫开发新路径。

（三）做好资金监控，确保易地扶贫搬迁贷款合规运用

加强贷后监管，确保相关主体按照资金管理办法，规范、有效使用资金，不形成资金滞留，提高资金使用成效。配合发改委、审计署等部门做好资金使用的监督工作，不越政策红线，确保资金安全运行。

（四）深入基层调研，进一步完善易地扶贫搬迁制度流程

赴基层一线了解易地扶贫搬迁政策执行情况，学习借鉴基层好的做法和经验，根据易地扶贫搬迁工作特点和基层建议进一步优化制度流程，提高政策与业务的契合度和指导性。

主动作为 助推易地扶贫搬迁顺利推进

中国农业发展银行

◇◇◇

2016年,中国农业发展银行积极贯彻落实党中央、国务院脱贫攻坚的战略部署,强化担当,主动作为,突出支持易地扶贫搬迁,取得积极成效。

一、2016年主要工作情况

一年来,中国农业发展银行始终将支持易地扶贫搬迁作为全力服务脱贫攻坚工作的重中之重,坚持精准扶贫精准脱贫基本方略,认真执行国家发展改革委、财政部、中国人民银行、国务院扶贫办等部门出台的一系列政策,牢牢把握易地扶贫搬迁工作方向,保证信贷资金及时足额供应,助推易地扶贫搬迁工作顺利开展。在支持易地扶贫搬迁方面实现了"五个率先":率先在全国金融系统成立扶贫金融事业部;率先投放首笔易地扶贫搬迁贷款;率先向县级延伸扶贫金融服务机构并实现对国家级贫困县全覆盖;率先制定政策性金融扶贫五年规划;率先在银行间债券市场成功发行扶贫专项金融债和普通扶贫债。

(一)聚焦精准扶贫、精准脱贫,加强组织领导

中国农业发展银行总行党委高度重视脱贫攻坚工作,将支持易地扶贫搬迁作为全行服务脱贫攻坚的"当头炮"。一是及时召开全行脱贫攻坚工作会

议。农行总行董事长、国务院扶贫办主任作了重要讲话,明确了农发行"以服务脱贫攻坚统揽全局,尽心竭力助推全面建成小康社会"的战略定位,提出了"构建全行扶贫、全力扶贫的工作格局,推动各项工作、各种资源、各方力量向服务脱贫攻坚聚合"的战略举措。二是认真研究制定农发行金融扶贫五年规划。明确了全行扶贫工作的总体思路、目标任务和工作措施,提出要在打赢脱贫攻坚战中成为金融扶贫的先锋、主力和模范的总目标。三是不断建立健全组织体系。总行成立脱贫攻坚工程领导小组,由董事长任组长,行长任副组长,负责对全行支持脱贫攻坚工程的组织领导。根据2016年4月银监会正式批复,在原有的基础上成立扶贫金融事业部,下设扶贫综合业务部、易地扶贫搬迁部、产业发展扶贫部、基础设施扶贫部、扶贫信贷管理与风险控制部等5个一级职能部门,并成立扶贫金融事业部执行委员会。在22个向中央签署脱贫攻坚责任书的省份设立扶贫业务处,二级分行设立扶贫业务部,在832个国家级贫困县,有农发行机构的设立"扶贫金融事业部",没有机构的设立扶贫工作组,实现了贫困地区政策性金融服务全覆盖。

（二）积极配合地方政府,理顺易地扶贫搬迁运作机制

一是各省级分行主动对接省级政府及易地扶贫搬迁主管部门、省级投融资主体,积极配合22个省（自治区、直辖市）完成省级投融资主体组建工作,协助起草公司章程、资金管理等重要制度,协助为省级投融资主体提供账户服务,协助省级投融资主体与省级政府有关部门签订政府购买服务协议。二是发挥政策性银行的优势,协助地方政府编制脱贫攻坚规划和"十三五"易地扶贫搬迁规划等,制定融资方案,为脱贫攻坚工作提供融智服务。三是同地方政府及易地扶贫搬迁主管部门、省级投融资主体和县级实施主体共同研究地方政府债、专项建设基金、贴息专项贷款等各渠道资金的衔接机制,打通省级投融资主体与市县项目实施主体之间的资金渠道。

（三）适应新形势、新要求,及时完善政策制度

一是认真贯彻落实国务院领导同志重要讲话和有关会议精神,下发了

《关于贯彻落实国务院领导同志调研易地扶贫搬迁工作重要讲话精神的通知》《关于贯彻落实全国易地扶贫搬迁现场会精神的通知》等文件,不断指导各行把握精准扶贫要求,切实规范贷款管理。二是根据国家《"十三五"时期易地扶贫搬迁工作方案》《全国"十三五"易地扶贫搬迁规划》以及发改、财政、人行等部门的相关政策,进一步完善相关信贷政策,及时转发国家发展改革委等四部门《关于下达 2016 年易地扶贫搬迁任务和贴息贷款规模的通知》、中国人民银行等四部门《关于加快 2016 年易地扶贫搬迁信贷资金衔接投放事宜的通知》,修订《易地扶贫搬迁专项贷款管理办法》,准确把握和执行国家易地扶贫搬迁政策要求。三是结合易地扶贫搬迁专项建设基金的特点,下发了《关于切实做好易地扶贫搬迁专项建设基金投放与管理工作的通知》以及《关于做好易地扶贫搬迁专项建设基金有关工作的通知》,明确了易地搬迁基金投资和注入方式、尽职调查的内容以及投放和投后管理的具体要求,制定了相关基金投资协议文件。各级分行也结合本地工作实际,相应制定了贷款管理办法等。

(四)结合中国农业发展银行实际,优化金融服务

为助推各省份易地扶贫搬迁工作顺利实施,中国农业发展银行根据银发〔2016〕258 号文件"易地扶贫搬迁贷款银行要实事求是地平衡好控制贷款风险和简化贷款程序的关系,适当简化贷款手续,理顺资金机制,做到上下贯通,努力为易地扶贫搬迁提供高效务实便捷的贷款服务"的要求,积极采取措施,努力优化服务。一是积极筹措易地扶贫搬迁资金,在中国人民银行等部门的领导和支持下,通过银行间债券市场发行扶贫专项金融债 390 亿元、普通扶贫金融债 600 亿元,精准对接易地扶贫搬迁资金需求,为脱贫攻坚开辟了新的筹资渠道。二是在受理阶段,除协助完成省级投融资主体组建、开立账户、签订购买服务协议等工作外,各省级分行按照国家易地扶贫搬迁政策和总行贷款管理办法,仔细梳理申贷资料清单,协助完成申贷资料准备工作。三是在贷款审批阶段,授权省级分行审批易地扶贫搬迁贴息专项贷款和专项建设基金,实行一次审批、分次发放的方式,开辟绿色办贷通道,前后台紧密协作,优先调查

评估,优先上会评审,加快项目评审进程,提高项目评审效率。四是在贷款发放支付阶段,发挥中国农业发展银行机构健全优势,贴身提供金融服务,理顺资金衔接机制,打通省级投融资主体与市县项目实施主体资金衔接渠道,确保资金到位后尽快投放到项目建设上,防止资金沉淀,提高资金效率。将贷前落实材料放到贷款支付环节,由项目所在地农发行审核项目立项、行政许可、可研(或实施方案)、环评等支付证明材料,保证易地扶贫搬迁项目建设资金需求。

（五）强化基础管理,加强风险管控

一是聚焦建档立卡贫困人口。贷款支持的易地扶贫搬迁项目瞄准建档立卡贫困人口,且必须纳入当地政府易地扶贫搬迁规划。在项目评审中,把贫困人口比例、人均建房面积作为重要评审内容。牢牢把握易地扶贫搬迁政策要求,建立精准扶贫台账,精准到人、精准到项目。二是坚持保本经营。按照保本经营原则科学合理进行贷款定价,充分体现政策性银行对贫困地区的特惠扶持。三是强化风险管控。牢牢把握政策合法性和办贷合规性,全部采取政府购买服务模式,购买服务资金纳入财政预算,切实加强资金支付管理,按进度发放和使用贷款,严格审核贷款用途,严防挤占挪用。四是加强统计监测。中国农业发展银行建立定期监测制度,按期统计易地扶贫搬迁贷款和基金情况,及时了解各地易地扶贫搬迁项目工程进展情况,并及时向国家发展改革委、中国人民银行和银监会等部门报送相关情况。五是重视业务培训。2016年5月、9月召开全行扶贫金融业务条线的视频培训,12月组织扶贫金融条线业务培训班,邀请国家发展改革委、财政部、中国人民银行、国务院扶贫办等部委有关领导授课,重点讲解易地扶贫搬迁贷款政策和信贷管理要求,全年易地扶贫搬迁专项工作面授和视频培训近3000人次。建立扶贫条线微信群,及时发布政策、布置工作、沟通信息并随时解答遇到的问题。中国农业发展银行利用面授、视频与微信平台相结合的方式开展易地扶贫搬迁政策培训和交流,有效提高了信贷人员的政策水平和业务能力。

二、2017 年工作打算

2017 年,中国农业发展银行将继续把易地扶贫搬迁作为全行脱贫攻坚工作的重中之重,放在突出位置抓实抓好,认真执行国家政策,认真落实国家和各省(自治区、直辖市)"十三五"时期易地扶贫搬迁工作方案,深化精准扶贫、精准脱贫,坚持成效导向,强化基础管理,确保搬迁贫困群众"搬得出、稳得住、有事做、能致富"。

(一)聚焦精准,全力做好易地扶贫搬迁贷款投放工作

一是及时足额投放中央财政贴息专项贷款和专项建设基金,按照当年国家下达的搬迁任务和贴息贷款规模,保证建档立卡搬迁人口的搬迁资金需求,继续加强与地方政府沟通协调,提升金融服务水平。二是进一步规范专项贷款运作模式,不断理顺工作机制,促请地方政府按照"省负总责、市县抓落实"的要求出台相关政策,协调健全资金筹措、对接、使用和还款机制。三是根据《全国"十三五"易地扶贫搬迁规划》要求,统筹支持建档立卡搬迁人口和同步搬迁人口,确保纳入各省份"十三五"规划的易地扶贫搬迁工程项目顺利实施。四是开展易地扶贫搬迁工作考核。按照国家发展改革委、国务院扶贫办联合印发的《易地扶贫搬迁工作成效考核暂行办法》的有关内容和方法,结合农发行实际,将支持易地扶贫搬迁工作纳入全行绩效考评,抓好《中国农业发展银行省级分行支持脱贫攻坚工作考核暂行办法》的贯彻落实,突出精准扶贫、精准脱贫,充分发挥考核的指挥棒和牛鼻子作用,引导各级行加大对易地扶贫搬迁工作的支持力度,充分发挥政策性金融扶贫的骨干和引领作用。

(二)夯实基础,不断加强易地扶贫搬迁贷款管理工作

一是按照精准扶贫、精准脱贫的要求,切实履行监管职责,对易地扶贫搬迁贷款实行全程监管,确保贷款精准落实到县、到项目、到贫困搬迁人口,建立

易地扶贫搬迁精准扶贫台账，准确完整地反映易地扶贫搬迁扶贫贷款情况和扶贫成效。二是严格执行国家政策明确的建档立卡搬迁人口人均住房建设面积标准，防止贫困户因搬迁举债，防止因搬迁难以脱贫。三是严格控制贷款用途，贷款支持的安置区配套基础设施、公共服务设施建设内容必须与易地扶贫搬迁直接相关，不得超需求审批发放贷款。四是规范政府购买服务协议融资模式，确保政府购买服务协议合法有效，购买服务资金纳入地方财政年度预算，落实还本付息资金来源。

（三）统筹兼顾，积极做好后续产业发展信贷支持工作

结合各省份实际情况和特点，找准发力点，重点围绕1000万易地扶贫搬迁贫困人口，在积极做好易地扶贫搬迁贷款管理工作的基础上，总结"易地扶贫搬迁贷款+"组合贷款经验，发挥中国农业发展银行信贷产品协同优势。综合运用中国农业发展银行光伏扶贫、旅游扶贫、扶贫过桥等多种信贷产品，形成金融扶贫"组合拳"，通过产业园区建设、新型经营主体和龙头企业带动等方式，支持安置区后续产业发展。充分利用财政涉农资金整合政策，以财政涉农资金整合为还款来源，积极支持当地重点产业和重点项目，解决搬迁贫困户脱贫最直接、最迫切的产业发展需求，助力脱贫解困，确保贫困人口"搬得出、稳得住、有事做、能致富"。

地　方　篇

地 方 篇

河北省2016年易地扶贫搬迁工作进展和2017年工作打算

按照河北省委、省政府决定,"十三五"期间,河北省易地扶贫搬迁任务共14万户42万人,包括建档立卡贫困人口19万人(其中9万人经国家确认纳入《全国"十三五"易地扶贫搬迁规划》),同步搬迁人口23万人,涉及7个市,38个县(区),1955个贫困村。2016年,是打赢脱贫攻坚战的首战之年,也是新时期易地扶贫搬迁工作的起步之年。河北省委、省政府高度重视这项工作,坚决落实国家部署,先后完成了制定政策、编制方案、搭建平台、筹措资金、理顺机制、启动实施等各项工作,较好完成了国家下达的各项任务,基本实现了"开好局、起好步,系好第一颗扣子"的总体要求。

一、2016年工作成效

2016年,国家下达河北省6.3万建档立卡贫困人口的易地扶贫搬迁任务,河北省自我加压、主动作为,制定了首年启动12.6万人的搬迁安置计划,截至目前实际启动15.2万人(包括国家已确认的9万建档立卡贫困人口),超出国家下达河北省易地扶贫搬迁任务8.9万人,超出省计划任务2.6万人。

(一)省级易地扶贫搬迁方案和规划印发实施

2016年5月,经河北省委、省政府审定,并报国家同意,出台了河北省"十三五"易地扶贫搬迁实施方案和2016年实施计划。同时,研究编制了河北省"十三五"易地扶贫搬迁规划,与国家规划充分衔接后,经河北省扶贫开发领导小组全体会议研究审定,已于2016年12月初正式颁布实施。

(二)体制机制全面建立

河北省有易地扶贫搬迁任务的7市38县(区)均成立了易地扶贫搬迁工作领导机构,按照"省负总责、市抓协调、县抓落实"的要求,河北省形成了一级抓一级、层层抓落实的管理机制。依托省建投集团组建的省级投融资主体公司顺利投入正常运营,与县级项目实施主体全面对接,建立了较为通畅高效的资金运转流程。省级层面细化出台各类政策及解读文件7份,明确了土地、住房、社保等一系列支持性政策举措。

(三)资金筹措保障有力

截至目前,河北省通过利用中央预算内投资、专项建设基金、地方政府债券、银行贷款、社会资金等各类资金,筹措易地扶贫搬迁资金共93.51亿元(其中,中央预算内投资4.41亿元,地方政府债8.8亿元,专项建设基金4.5亿元,银行贷款53.2亿元,扶贫地方债16.3亿元,农户自筹6.3亿元)。资金总量基本满足了2016年工程建设需要。

(四)项目建设稳步推进

截至2016年11月底,2016年189个集中安置项目全部启动,规划建设面积251.2万平方米(两年任务),已开工建设住房3万套186万平方米,已竣工项目17个,预计到2016年年底有56个安置项目完成主体建设;涉及搬迁人口10万余人,人均建设面积符合国家规定的建档立卡搬迁人口人均建设面积不超过25平方米的要求;预计2017年11月底可完成集中安置入住,其中,城镇集中安置3.6万人,依托旅游景区、产业园区安置0.8万人,在中心村或移民新村安置5.8万人。同时,在集中安置区配套建设养老院58个,建设面积9.03万平方米,计划安置0.4万人。已开工建设学校及幼儿园96个、卫生院所76个、活动室及其他设施192个。

（五）后续帮扶同步深入开展

截至2016年11月底，2016年计划搬迁人口中，可依托农业安置脱贫人口4.08万人，依托非农就业脱贫2.99万人，依托资产收益扶持2.64万人，社会保障兜底方式实现脱贫1.82万人。

二、主要做法

（一）坚持高层推动

河北省高度重视易地扶贫搬迁工作，始终把它作为打赢脱贫攻坚战的头等大事，省委书记、省长亲自谋划部署，现场指挥调度，多次作出重要指示，常务副省长等分管领导亲临一线指挥协调，省直有关部门和相关市县密切配合，攻坚克难，河北省易地扶贫搬迁工作扎实有序开展。一年来，河北省扶贫开发领导小组三次召开全体会议研究易地扶贫搬迁工作，2016年4月和10月，省委、省政府先后两次在保定市涞源县和张家口市沽源县召开现场会，调度推进易地扶贫搬迁工作。

（二）顶层政策科学设计

为扎实推动河北省易地扶贫搬迁工作，河北省委、省政府出台了一系列政策措施。一是科学编制规划。在深入学习国家政策的基础上，借鉴外省先进经验做法，结合地方实际，制定出台的规划方案针对性强，便于基层操作实施。二是完善配套政策。研究出台的扶贫搬迁资金管理办法和先行用地支持、住房补助、社会保障等政策，覆盖面广、指导性强，为搬迁工作顺利开展提供了有效支撑。三是强化政策宣贯。编制两期政策问答、民居规划导则设计方案和易地扶贫搬迁简报，并组织省内巡回宣讲和政策培训，确保了政策贯彻实施不走样。

（三）搬迁人口精准识别

为打牢易地扶贫搬迁工作的基础，精准识别搬迁人口，相关市县整合人员、集中时间，逐村逐户进行搬迁政策宣讲，开展搬迁意愿调查，并由户主签字确认，2016年启动的15.2万人已全部建立台账。结合河北省"7·19"灾后重建工作，对列入2017年启动搬迁的贫困人口再次进行了核实，新增因灾返贫搬迁人口3159人。目前，已核实确认河北省2017年列入搬迁计划的建档立卡贫困人口共3.6万户9.8万人，其他17万同步搬迁人口正在组织有关市县进行再次核实并完善台账。

（四）平台资金衔接顺畅

2016年5月，河北易地搬迁公司作为易地扶贫搬迁工程省级投融资主体组建运营；8月，经河北省政府授权，省发改委、省扶贫办、省财政厅与河北易地搬迁公司签订了政府购买服务协议。与此同时，各县组建了项目实施主体，并与河北省平台建立了顺畅、高效的资金运作机制。目前，有关县通过财政承接资金20.71亿元（其中，中央预算内投资4.41亿元，扶贫地方债16.3亿元），通过河北易地搬迁公司承接资金23亿余元（其中，地方政府债2.9亿元，专项建设基金2.27亿元，银行贷款17.9亿元）。

（五）着力推动项目建设

坚持把集中安置区住房建设作为易地扶贫搬迁工作的重中之重。围绕年度建设目标，制定了时间表和路线图，按照"放管服"的改革要求，督促各县简化项目建设审批程序，建立绿色审批通道，推进招投标工作。按照一月一调度、一月一通报的工作机制，对河北省工程建设进度每月进行调度通报，并将全面督导和重点检查相结合，全年各类督导检查二十余次，督促进度落后县（区）加快推进，为2017年按时间节点"交钥匙"打下了坚实基础。

（六）脱贫举措同步谋划

为指导各县做好贫困搬迁人口稳定脱贫工作,河北省出台了《关于切实做好易地扶贫搬迁贫困人口后续扶持工作的意见》,督促有关市县制定和落实好搬迁对象脱贫发展规划或实施方案,加大财政涉农资金整合力度,重点抓好集中安置区与产业园区"两区同建",采取产业扶持、技能培训、劳务输出、资产收益扶持等多种措施,确保搬迁群众有发展项目、有就业岗位、有帮扶措施。

三、下一步重点工作

（一）围绕总体目标谋划启动 2017 年搬迁工程

2017 年是河北省搬迁安置建设任务最重的一年,既要完成 2016 年启动的 15.2 万人的搬迁安置任务,还要全面启动剩余 26.8 万人的搬迁工程,资金筹措、方案谋划、工程建设等工作非常艰巨。河北省将认真谋划好 2017 年搬迁计划,扎实做好精准识别搬迁对象、统筹安排启动方案、筹措落实搬迁资金、搬迁人口迁居和后续扶持等工作。目前,河北省已初步编制了 2017 年实施计划,落实了部分建设资金,争取 2017 年上半年开工建设 10 万人的搬迁安置项目,下半年全部项目开工建设,2018 年基本完成。

（二）围绕项目建设抓好组织推动

用好考核"指挥棒",念好督查巡查"紧箍咒",强化贫困县政府主体责任落实,全面压实 2016 年已经启动和 2017 年即将启动的搬迁任务,继续实行一月一调度、一月一通报,发挥典型引领、示范带动作用,确保按照既定时间节点完成"交钥匙"任务。同时,加强资金使用管控,指导有关市县用足用好城乡建设用地增减挂钩政策,科学制定还款计划,强化风险管控,确保按期偿还银行贷款。

（三）围绕精准脱贫落实后续扶持

坚持把发展产业作为搬迁群众"稳得住"的根本出路，立足本地资源禀赋，宜种则种、宜养则养、宜林则林、宜游则游。坚持"两区同建"，把园区作为搬迁后续产业发展的重要载体，实现经营主体在园区聚合，生产要素在园区整合，三次产业在园区融合。谋划设立易地扶贫搬迁后续脱贫产业发展基金，探索股权投资与债权投资有机结合，多渠道筹措搬迁后续脱贫所需资金。积极探索开展养老式搬迁，采取"产权政府所有、群众免费入住、集中供养服务"模式，建设搬迁养老服务中心，让贫困老人老有所养、病有所医、安享晚年。

山西省 2016 年易地扶贫搬迁工作进展和 2017 年工作打算

在党中央、国务院的坚强领导下,在国家发展改革委、国务院扶贫办的有力指导下,山西省各级部门积极贯彻中央和省委、省政府部署要求,狠下功夫,超强举措,全力推进易地扶贫搬迁工作,为山西省脱贫攻坚首战首胜奠定了坚实基础。

一、总体完成情况良好

2016 年易地扶贫搬迁的目标任务是,山西省 11 个市 80 个县实施搬迁 12.5 万人,其中建档立卡贫困人口 10 万人、同步搬迁人口 2.5 万人;当年搬迁任务的投资完成率不低于 60%。项目总投资额 41.8 亿元,全年开工率达到预期目标,竣工率、投资完成率、入住率均超额完成目标。

组织开展易地扶贫搬迁 2017 年项目前期工作攻坚督查落实专项行动,实行定期通报、排队、督查、最后总考评。

二、主要工作措施和成效

（一）领导重视高位推进

山西省委、省政府高度重视,统筹谋划,强力推进。省委书记深入吕梁市调研脱贫攻坚工作,重点对山西省易地扶贫搬迁工作提出"今冬抓前期、明年保建设、两年总算账、进度赶上去"的部署。省长赴忻州市静乐县专题调研推进易地扶贫搬迁工作落实,并从首战首胜、规划引领、产业发展、用活政策、完善治理、强化责任等六个方面作出重要讲话,对山西省坚持精准方略、实施易地搬迁、坚决打好脱贫攻坚第一场硬仗提出明确要求。分管副省长亲自指导制定指导意见、搬迁规划和实施方案,亲自主持召开领导小组专题会议,从落实搬迁对象、制定搬迁规划、出台政策措施、保障资金投入等方面,精心安排重点部署。各市县党委、政府主要领导、分管领导结合当前易地扶贫搬迁重点工作,采取工作推进会、培训会、座谈交流会、深入基层检查指导等多种形式推进工作。

(二)规划先行政策支撑

经过深入基层调研和组织省外考察,广泛征求各级各部门意见,召开 3 次省脱贫攻坚领导小组专题会议和省政府常务会议研究审议,制定出台了山西省"十三五"易地扶贫搬迁规划、大力推进易地扶贫搬迁工程的指导意见、山西省"十三五"易地扶贫搬迁实施方案、2016 年易地扶贫搬迁实施计划、易地扶贫搬迁资金管理办法和易地扶贫搬迁长期政策性贷款管理办法等,出台了关于用好用活土地政策积极支持扶贫开发的通知,提出了土地利用规划计划指标、生态退耕、增减挂钩、土地整治项目资金、零星小块地开发、采煤沉陷区土地复垦、占补平衡指标异地交易、资源惠民等 8 项政策"组合拳"。全面完善了支持易地扶贫搬迁的政策体系,为指导推动易地扶贫搬迁提供了有力的政策支撑。在此基础上,指导市县因地制宜编制规划、出台方案、完善政策,如忻州市提出了易地扶贫搬迁同新型城镇化、农业产业化、工业新型化"三化互动"同步推进;吕梁市方山、长治市沁县等项目县分别以县政府或脱贫攻坚领导组名义印发实施细则和工作方案。2016 年 10 月 20 日,山西省易地扶贫搬迁领导小组印发了下达 2017 年任务做好工程前期准备工作的通知和前期工作攻坚督查落实专项行动方案。

（三）部门合作协调推动

山西省扶贫、发改、财政、国土资源等部门"一把手"亲自研究部署工作，主动协调解决问题，提出含金量很高的政策措施。山西省扶贫办、省发改委牵头组织实施，主动加强与上级沟通，协调解决基层工作困难；省财政厅主要领导亲自研究制定资金筹措办法，并结合信贷资金特点和山西省实际，拟定易地扶贫搬迁资金管理办法，为易地扶贫搬迁提供充足的资金保障；省国土资源厅针对调整土地利用规划审批难、耗时长的问题，将山西省易地扶贫搬迁建设用地统一打包、集中解决、足额保障；在省级土地利用总体规划调整完善分解指标时，对58个省级以上贫困县给予了重点倾斜，每县单列了1000亩规划用地指标。同时，根据山西省"十三五"易地扶贫搬迁的任务量，单列了3万亩用地规划指标下达各市，全力保障易地扶贫搬迁项目用地。积极指导推进实施贫困县节余指标易地交易。2016年9月12日，岢岚县与太原市国土资源局签订了增减挂钩易地交易框架协议，岢岚县将实施增减挂钩项目产生的230亩节余指标有偿交易给太原市不锈钢园区，可产生土地级差收益2530万元，交易完成后这些收益将全部返还岢岚县。岢岚县利用民间资本投资开发造地，通过项目实施新增耕地97亩，目前已将新增耕地指标分别易地交易给晋城市开发区和潞安集团的建设项目，共获收益460万元。两项试点工作的推进，充分发挥了示范引领作用。国开行山西分行和农发行山西分行主动对接国家政策，简化资金申报流程，打通市县易地搬迁贷款融资难瓶颈。7月21日，山西省扶贫办、省发改委、省财政厅、国开行山西省分行和农发行山西省分行举办专题培训班，对11市86县的分管副县长、扶贫办主任、扶贫开发投资公司业务骨干解读政策措施，辅导资金运作。9月30日，山西省国土资源厅、省扶贫办联合举办易地扶贫搬迁用地政策专题培训。11月21日，山西省财政厅、省扶贫开发投资公司联合举办全省财政支持脱贫攻坚专题业务培训，市县财政局长、市公司主要负责人和86个县分管副县长参加，组织对易地扶贫搬迁资金贷款操作程序进行了培训。省公司以正式文件出台了山西省易地扶贫搬迁补助标准及贷款申请简明手册、申请贷款资金程序以及2016年、2017

年项目安排资金计划。

（四）着眼脱贫产业扶持

山西省坚持把"搬得出、稳得住、有事做、能致富"作为工作重点，同步给予产业、就业、保障扶持措施。一是区域化布局，根据资源禀赋气候特征、区位条件，宜种则种、宜养则养、宜林则林、宜游则游。省级统贷土地整治、迁出区生态恢复和产业发展资金，市县根据规划要求和实施项目资金需求，建档立卡贫困搬迁人口每人不超过1.62万元的额度内提出贷款需求，省级财政给予一定补助。二是园区化发展，安置区、迁出区、工业园区、农业园区"四区"同建，要求各地搬迁安置工作与县域经济布局、产业规划紧密结合，同步考虑搬迁群众的生产生活出路和帮扶增收措施，搞好宅基地腾退复垦，因人因户施策，因贫困类型施策。方山县按照"群众搬迁到哪里、产业就发展到哪里"的原则，同步安排光伏、养牛等项目。三是精准化推进，山西省出台《山西省特色农业扶贫行动实施方案》，要推进杂粮、马铃薯、中药材、水果、蔬菜、畜牧、休闲农业等七大特色农业产业精准扶贫，并在农民培训、资金项目安排、市场体系建设等方面予以支持，将搬迁后续扶持有机结合。岢岚县围绕"羊豆棚林菌"产业开发，建立起农产品电商营销网络，实施良种直补17.78万亩，补贴地膜182.48吨，大力推进10村10个杂粮振兴工程、13个"一村一品"示范村建设、15村5000亩的红芸豆高产示范片建设和1.1万亩10个示范园区建设等工作，积极推广香菇、枸杞、中药材、油菜花、肉牛等种养加销脱贫产业。四是股份化参与，为有条件的移民新区同步规划建设光伏电站项目，采取财政投资入股、农村资产租金入股、引入投资主体、农户自筹资金等多种方式，在易地扶贫搬迁过程中，建设地面集中电站、农光互补电站、村级电站和户用电站，收益统筹用于移民新村发展集体经济和增加贫困户收入。天镇县赵家沟乡窑沟村利用整村推进项目结合农民入股资金，帮助移民新村建设了一处占地30亩、2000平方米圈舍的股份制养殖场，存栏1600只羊，既实现了人畜分离，又拓宽了移民户增收的渠道；帮助迁安新村引入龙头企业天镇县博诚蔬菜有限公司，该公司利用连片扶贫攻坚试点项目资金建成一条年产5000吨的脱水蔬菜生产线带动产业发展,有效提高加工收益,大幅提升蔬菜种植效益,有力地带动迁安新村及周边地区蔬菜种植业的发展,增加蔬菜种植面积1.8万亩,安排700名贫困劳动力就业。宁武县引进大型企业,积极探索"公司+农户"的产业带动模式,搬迁贫困户将贷款作为股金入股,年底按收益保底分红。五是商业化拓展,进一步拓宽发展致富的路子,发展物业经济,依托易地搬迁工程配套建设商铺、摊位、柜台、厂房、停车场等,并将产权优先量化到贫困人口,推行物业合作社,增加搬迁对象资产性收入。平顺县神龙湾村拥有丰富的旅游资源,该村通过易地扶贫搬迁将周边零散小村集中搬迁到行政主村,共涉及110户356人。县政府引进了大型企业欧亚集团,达成总投资10亿元的景区建设合作协议。县、乡政府结合旅游产业实施易地扶贫搬迁后续产业扶持,大力发展农家旅社建设。2015年建设农家旅社40户,2016年再建70户农家旅社,安排就业600多人。与此同时,随着景区的开发和升温,为周边提供就业岗位2000余个,大大带动神龙湾周边村庄特别是移民新村农户的就业增收,户均年收入4万余元。

（五）因地制宜加快推进

2016年6月3日,山西省易地扶贫搬迁电视电话会议安排部署,各地压实责任、创新机制、积极推进工作。长治市按照城乡一体化建设思路,依托现有的教育、卫生、文化、商业等公共服务资源,集中规划安置移民新区,保证搬迁户共享城市资源、全面提升生活质量。吉县、乡宁、陵川等项目县根据自身山大沟深、村庄分散的实际,围绕中心村和公路沿线建设集中安置点。忻州市将全市106个50人以下偏远小村全部纳入整村搬迁范围;临汾市每月召开一次易地搬迁专项调度会,听取各县进展情况和相关部门推进措施汇报;忻州市代县采取边开工、边办手续的方式加快工程进度,还为移民新区配套建设幼儿园和劳务培训中心,解决搬迁户生产增收和生活设施配套问题;吕梁市方山县采取超常举措,简化手续、特事特办,山西省首家承接信贷资金1300万元;垣曲县运用市场化机制推进工程建设,2016年1803人的安置住房已全部封顶;陵川县2015年就办理前期手续,确保2016年2000人的搬迁建设任务按时开工;壶关县回购700套保障房,安置建档立卡贫困人口1800人,降低了建设成本。五寨、古县、和顺等县将货币化安置与去库存政策结合起来,收到一举两得效果。2016年9月23日、11月10日,先后召开山西省易地扶贫搬迁调度会,讲评进展情况,集中研究解决问题,明确工作时限要求,压实主体责任。10月21日,召开了山西省易地扶贫搬迁(吕梁)现场推进会,省直有关部门,各市分管副市长、市扶贫办主任,86个项目县县长参加会议,深入贯彻落实全国易地扶贫搬迁(贵州)现场会议精神,学习山西省主要领导关于脱贫攻坚和易地扶贫搬迁工作的重要讲话精神,在方山县现场观摩学习2个集中安置点建设和1个规模化后续光伏产业,对易地扶贫搬迁工作进行再安排、再推进、再落实。

（六）建立机制跟踪问效

一是成立了山西省易地扶贫搬迁工作领导小组,分管副省长任组长,山西省扶贫开发办、省发展改革委、省财政厅、省国土资源厅、省住房和城乡建设厅、省环保厅、省林业厅、省民政厅、国开行山西省分行、农发行山西省分行、山西扶贫开发投资公司等为成员单位,负责山西省易地扶贫搬迁工作的组织协调实施,定期集中研究工作。各市县均成立了相应机构。二是建立易地扶贫搬迁一周一调度、一月一排队制度。每周调度山西省工作进展情况,每月进行排队通报。三是建立省市县三级督查制度。2016年8月31日,分管副省长集体约谈工程进度慢的大同、吕梁、运城3市分管副市长。9月上旬,山西省扶贫办主要负责人赴大同、吕梁、运城、太原等市的7个项目县,就加快推进易地扶贫搬迁进行专项督查。责成忻州、朔州、晋城3市分管副市长约谈未开工项目县政府负责人,督促相关各市、县加快工程建设。运城市脱贫攻坚领导小组给各县(市、区)党政主要负责同志发了一封公开信,要求各县(市、区)党委、政府把脱贫攻坚作为本届任期内的头等大事,把易地扶贫搬迁作为第一民生工程,进一步传导压力、夯实责任。同时,各市普遍组织工作组深入项目县和乡镇村督导检查。四是建立绿色审批通道。各级发改、城建、国土、环保等部门开辟绿色通道,缩短审批时间,推进项目开工建设。以县为单位,按年度打包整体立项,由县发改部门先行备案,其他前置手续完善后变更为核准。申报项目资金所需资料短期内难以提供的,由政府相关部门出具相应的说明性文件替代,随后补充完善。忻州市成立脱贫攻坚专项工作办公室,集中办公,建立易地扶贫搬迁并联审批通道,统一规范了前期手续办理流程。

(七)超常举措保障资金

山西省易地扶贫搬迁资金本着"总量充裕、标准适度、下达快捷、负担合理"的原则筹集和使用。由国开行山西省分行、农发行山西省分行发放低成本长期贷款。山西扶贫开发投资公司统筹承接全省建档立卡贫困人口和同步搬迁人口易地扶贫搬迁专项贷款。同时组建了 11 个市级扶贫开发投资公司,建立或明确了县级项目实施主体,确保资金运作顺畅。同时,根据山西省易地扶贫搬迁实际情况,特事特办,采取提前预拨项目资金、补办手续的办法,有效保障了项目建设顺利实施。

三、关于 2017 年的工作打算

2017 年工作思路:按照二年建设工期要求,围绕精准识别率、项目开工率、投资完成率、建设竣工率、搬迁入住率、群众满意率,做好基础工作,理顺审批流程,健全工作机制,加快项目建设,确保目标任务圆满完成。

目标任务:2017 年,山西省计划搬迁 5.35 万户 15 万人,其中建档立卡贫困人口 12 万人、同步搬迁人口 3 万人。初步匡算,总投资约 79.29 亿元。其中:搬迁建设投资 59.85 亿元;土地整治、生态恢复和产业发展投资 19.44 亿元。按照二年工期建设要求,2017 年预计完成搬迁项目建设投资 35.91 亿元。

2017 年度预计总投资计划:2016 年项目继续完成投资 25.37 亿元、2017 年项目建设投资 35.91 亿元,合计 61.28 亿元。

2017 年重点组织落实好以下几方面的工作:

（一）攻坚前期工作

一是根据吕梁现场会安排部署，推动2017年项目县落实项目规划、可研报告、土地手续、环评审批等前期手续办理，各级建立绿色通道，加快审批。二是落实建设地块，整体规划，分步实施，科学论证勘察选址。三是用地指标应保尽保，及早下达。

（二）夯实基础工作

进一步组织市县和乡镇干部进村入户，全面摸清山庄窝铺自然村底数、全面摸清搬迁对象底数、全面摸清落实到户到人底数。加快完善全国扶贫信息系统有关易地扶贫搬迁情况的线上数据。建立山西省易地扶贫搬迁信息平台，努力实现精准管理、精准搬迁、精准脱贫。

（三）完善资金工作

理顺资金运作机制，要采取超常举措，进一步贯通自下而上、自上而下运作流程的各个环节。指导项目县加快补办信贷资金手续。按照项目建设进度情况，加快资金支付进度。对于已经竣工和结合去库存回购的住房，加快到户到人补助资金拨付。

（四）确保后续工作

支持各县围绕"搬得出、稳得住、有事做、能致富"的目标，统筹规划空间布局、统筹整合资金项目，努力做到安置区、迁出区、工业园区、农业园区"四区"同建。搞好县级后续产业发展规划，省级统筹贷款资金予以保障。因地制宜开发旧村耕地、林地、荒坡地、废弃地、宅基地复垦，搞好设施农业、经济林、养殖业、光伏扶贫、乡村旅游、生态修复、退耕还林等项目。支持搬迁群众培训就业。

（五）强化督导工作

山西省实行易地搬迁周调度、月排队、季督查、年考核制度，层层压实责任。特别是要督导落实好2016年住房、基础设施、公共服务设施等工程项目建设进度;2017年项目用地和前期手续。做好中央对2016年易地扶贫搬迁考核工作的各项准备。根据督查情况,启动问责程序,形成倒逼机制,对不能按时完成易地扶贫搬迁目标任务的,实行问责,直至追究党纪责任。

内蒙古自治区 2016 年易地扶贫搬迁工作进展和 2017 年工作打算

◇◇

2016 年全国新一轮易地扶贫搬迁工作实施以来,内蒙古自治区把易地扶贫搬迁工作作为"十三五"打赢脱贫攻坚战的"当头炮",全区上下紧紧围绕"搬得出、稳得住、有事做、能致富"的目标,立足当地实际,充分尊重群众意愿,坚持哪有产业往哪搬、哪能就业往哪搬,进一步创新机制,探索出了灵活多样的搬迁模式,全年易地扶贫搬迁工作进展顺利。2016 年完成易地扶贫搬迁建设任务 8 万人,其中,建档立卡贫困人口 5 万人,同步搬迁人口 3 万人。

一、2016 年工作推进情况

(一)召开各级会议专项推进

自治区主要领导高度重视,对易地扶贫搬迁工作作出专门批示。2015 年 12 月 7 日,自治区党委召开全区扶贫开发会议,自治区党委书记、政府主席对易地扶贫搬迁工作进行了专项部署。2016 年 2 月 25 日,自治区党委、政府联合召开了全区扶贫攻坚推进会,会上各盟市领导与自治区政府签订了 2016 年易地扶贫搬迁责任状。3 月 23 日,自治区党委常委、政府常务副主席主持召开易地扶贫搬迁工作协调小组联席会议,专题研究全区易地扶贫搬迁工作有关事宜。4月19日,召开全区易地扶贫搬迁电视电话推进会议,会议专题部署易地扶贫搬迁工作,并按照国家要求,对易地扶贫搬迁工作相关政策进行宣讲和解读。5月5日,在乌兰察布市凉城县召开全区易地扶贫搬迁工作启动会议,标志全区易地扶贫搬迁工程正式启动。6月,下旬召开易地扶贫搬迁工作调度会议,进行经验交流和现场观摩,对易地扶贫搬迁工作进行再部署,进一步加快工作推进进度。8月,举办全区易地扶贫搬迁资金承接培训会,统一了资金承接和拨付流程。9月,在贵州省遵义市举办了全区易地扶贫搬迁培训班,学习贵州省易地扶贫搬迁先进经验,开阔了眼界和思路,有利于更好地改进和创新内蒙古自治区当前易地扶贫搬迁工作。

(二)强化机构,分工负责

成立了由自治区党委常委、政府常务副主席任组长,分管副主席任副组长,发改、扶贫、财政、国土、人民银行、开发银行、农发行等部门为成员单位的自治区易地扶贫搬迁工作协调小组,办公室设在自治区扶贫办,进一步明确部门职责,分工负责。各盟市、相关项目旗县都成立了相应的工作协调小组和办事机构,形成了上下联动机制,统筹推进易地扶贫搬迁工作。

(三)强化顶层设计,制定出台支持政策

按照自治区易地扶贫搬迁工作协调小组联席会议精神,制定和出台相关配套支持政策。一是经自治区人民政府同意,自治区发改委、扶贫办、国土厅、住建厅、林业厅联合下发《支持易地扶贫搬迁政策意见》,进一步简政放权,加大支持力度。二是经自治区人民政府同意,自治区发改、财政、扶贫、国土、人民银行五部门联合出台内蒙古自治区《关于大力推进易地扶贫搬迁工程的指导意见》,作为指导全区易地扶贫搬迁工作的政策遵循和依据。三是自治区政府办公厅出台《关于统筹地方可支配财力确保自治区投融资主体还贷的通知》,确保自治区易地扶贫搬迁投融资主体按时足额还贷。四是自治区人民政府授权自治区扶贫办与自治区投融资主体签订《易地扶贫搬迁项目购买服务协议》。五是自治区扶贫、发改、财政部门联合下发《易地扶贫搬迁项目资金管理办法》。

（四）完成了易地扶贫搬迁"十三五"规划、实施方案和2016年计划的上报和下达

按照五部委下发的《"十三五"时期易地扶贫搬迁工作方案》，自治区发改、扶贫等部门编制了"十三五"时期易地扶贫搬迁方案、2016年计划和易地扶贫搬迁规划并上报国家发改委和国务院扶贫办。按照国家要求，及时下达了2016年易地扶贫搬迁投资计划。

（五）完成了搬迁对象的精准识别

在建档立卡系统中对搬迁对象进行精准标注，多次下发文件布置，要求各地务必做到精准标注。目前基本完成了全区20万建档立卡搬迁人口精准标注和10万同步搬迁人口的精准识别工作。目前内蒙古自治区各地正在进行建档立卡贫困人口"回头看"重新核实工作，对建档立卡搬迁人口进行再次核实和标注。

（六）组建自治区投融资主体和旗县级项目实施主体

自治区人民政府指定内蒙古扶贫开发投资管理有限责任公司，作为自治区易地扶贫搬迁投融资主体，自治区人民政府授权自治区扶贫办与自治区投融资主体签署了政府购买协议，中央预算内投资、地方政府债券、专项建设基金、长期贷款等各渠道资金正在陆续到位。

（七）赴先进省份进行考察学习

自治区易地扶贫搬迁工作协调小组办公室组织发改、扶贫、财政和自治区投融资平台等单位赴贵州、重庆、广西、湖北、山西等省份专项考察学习易地扶贫搬迁工作，学习借鉴成功经验，少走弯路，有效推进内蒙古自治区下一步工作开展。

（八）开展专项督查

2016 年 6 月上旬，自治区发改委、财政厅、扶贫办及农发行内蒙古分行、内蒙古扶贫开发投资管理有限责任公司等单位组成联合督查组对全区 12 个盟市易地扶贫搬迁实施情况进行专项督察，督促盟市尽快完善项目开工前的各项工作，加快工程实施进度。11 月下旬开始，利用 20 天左右时间，自治区发改委联合有关部门组成 3 个督察组对 12 个盟市 2016 年度易地扶贫搬迁工作进行全面督查，并按照具体指标进行考评，将考核结果及督查结果作为盟市党委、政府扶贫开发实绩考核的重要依据，同时也为国家年度考核验收做准备。

二、主要做法

（一）完善制度，创新机制，提升项目管理和实施水平

在易地扶贫搬迁项目建设中实行"一公开、两参与、一评估、一测评"制度。"一公开"就是在项目建设地点公开项目名称、投资规模、资金来源、建设内容、建设期限、实施单位等主要内容，实行阳光工程；"两参与"就是让群众参与项目实施方案的讨论制定，使之更加符合群众的愿望，不断提高项目论证的科学性、民主性，让群众参与项目实施过程，既让群众在项目建设中增加收入、减轻负担，又让群众自觉进行监督，有效保证项目建设质量和进度；"一评估"就是认真开展社会稳定风险评估，避免出现群众上访现象；"一测评"就是项目建成后组织开展受益群众满意度测评。通过实行"一公开、两参与、一评估、一测评"制度，有效确保了群众的知情权、参与权和监督权，维护了群众的根本利益。

（二）坚持"六个结合"，探索灵活多样的安置方式

结合全区实际，各地在搬迁安置中坚持"六个结合"，即：与农村牧区基础

设施和公共服务建设工程相结合；与城镇房地产"去库存"相结合；与城镇商品房开发"配建制"相结合，补"人头"不补"砖头"；与盘活农村牧区中心村"闲置房"相结合；与产业园区建设相结合；与互助幸福院、养老院相结合。通过采取嘎查村内就近安置、新建移民村安置、城镇"去库存"住宅小区或产业园区安置、乡村旅游区安置、入住幸福互助院安置、自主安置和货币化安置等七种安置方式，稳定实现搬迁贫困户"有房住、有事做、有钱赚、有人养"的目标。

（三）科学论证，简政放权

充分尊重群众意愿，委托具有资质的公司对易地扶贫搬迁安置区水、电、路、通信、广播电视等基础设施以及搬迁户住房进行统一规划和设计，并确定项目建设内容，将项目建设和招投标审批权限下放至旗县，由旗县发改等部门审批。

（四）严控建房标准

要求各地严格按照国家"保障基本"的原则，中央和自治区补助的建档立卡贫困户人均住房建设面积不超过 25 平方米。坚决防止盲目扩大住房面积、宅基地面积，不得脱离实际提高建设标准，防止因搬迁而举债、因搬迁而难脱贫。

（五）明确补助标准，严格资金使用

自治区对建档立卡贫困人口人均补助建房资金 2 万元，对同步搬迁人口人均补助建房资金 1 万元。充分发挥旗县项目实施主体"资金池"的作用，自治区下达到旗县的各类易地扶贫搬迁资金全部归集到旗县项目实施主体开设的共管账户，便于使用、利于监管，防止挤占挪用，确保廉洁搬迁、阳光搬迁。

（六）聚焦后续产业扶持，拓展增收渠道

采取六种增收渠道，确保搬迁人口都有稳定的增收渠道。一是通过整合扶贫专项和涉农涉牧资金,扶持发展设施蔬菜、畜牧养殖等特色种养业增收或通过当地扶贫龙头带动就业增收;二是对于缺少劳动力的家庭,通过土地流转租赁方式增收或通过产业扶持资金形成的资产入股龙头企业,以资产收益的方式增收;三是通过加入农民专业合作社务工带动或发展庭院经济的方式增收;四是通过技能培训,确保有一定劳动能力的群众掌握一项劳动技能,通过转移进城务工的方式增收;五是通过在乡镇建设农贸市场给贫困户提供廉价摊位独立经营的方式增收;六是对在市区、中心镇和园区进行安置的群众,通过技能培训,扶持发展劳务、运输、餐饮等服务业,增加工资性收入,确保搬迁群众长期有收入,生产发展有特色,搬迁后脱贫有成效。

三、2017 年工作打算

(一)加强组织领导,压实旗县政府主体责任

旗县(市、区)政府作为易地扶贫搬迁工程的责任主体、实施主体,要进一步履行好主体责任,党政"一把手"一定要本着高度负责的态度抓好易地扶贫搬迁工作。强化部门间协调和配合,发挥好各部门职能职责。工作任务重的旗县,要建立专门的易地扶贫搬迁工作协调指挥部,抽调相关部门人员专职专岗集中办公,统筹协调推进易地扶贫搬迁工作。

(二)加大政策执行力度

坚决执行中央和自治区关于易地扶贫搬迁的相关政策,重点把握好以下几个方面:一要严格执行人均不超过 25 平方米的建房标准,各级审计部门将建房项目住房面积是否合规列入各级审计范围。要严守两条"决不能"底线,决不能因搬迁让贫困户背上新的债务,决不能因为搬迁而引发新的社会矛盾。二要坚决杜绝重复投资,避免资金浪费。严禁在已搞完"十个全覆盖"的村庄又重复进行搬迁安置住房建设,严禁用新一轮易地扶贫搬迁住房建设资金弥

补 2016 年之前"十个全覆盖"实施过程中的住房建设资金缺口。三要严格执行搬迁后旧房拆除政策。所有搬迁户旧房要全部拆除，符合复垦条件的全部复垦，严禁出现用地"两头占"的问题，一旦发现，将取消搬迁政策扶持。四要进一步规范旗县项目实施主体。项目实施主体必须具有独立法人资格，必须无负债、无债务纠纷。五要深化旗县政府"放管服"改革，简化项目用地、环评等审批手续，推进招投标工作进程，打通项目建设"最后一公里"。

（三）完善脱贫措施，强化搬迁后续就业和产业扶持

出台《易地扶贫搬迁就业和产业扶持实施意见》，进一步落实易地扶贫搬迁后贫困群众就业和产业扶持措施，聚焦增强搬迁群众后续发展能力，做好产业帮扶、劳务培训和输出、社会保障兜底等配套工作，整合各部门力量，推进搬迁贫困人口创业就业和产业增收，实现稳定脱贫。从自治区本级预算安排用于易地扶贫搬迁工程的生态脆弱地区扶贫移民资金中，安排不少于 10 亿元资金专项用于搬迁群众后续就业和产业发展。

（四）总结经验，创新机制

下一步围绕各地城镇"去库存""去闲置"，鼓励搬迁对象重点向城镇、园区转移，向专业市场集中，坚持以岗定搬、以产定搬。同时为消除搬迁群众的后顾之忧，对搬迁到城镇的农牧民实行"四不变、两等同、一减免"政策，妥善解决搬迁群众教育、医疗、社会保障等问题。"四不变"，即：搬迁农牧民原承包耕地、草地、林地经营权、受益权不变，子女进城上学"两免一补"政策不变，进城后享受农村牧区合作医疗政策不变，老人随子女进城后原享受农村牧区低保政策不变，如转为非农户口后可享受城镇低保。"两等同"，即：子女进城入托上学和就业享受与城镇居民子女同等待遇。"一减免"，即：自愿转为非农户口的，除缴纳户口变更工本费外，减免各种行政性收费。

（五）强化督查考核

将易地扶贫搬迁作为脱贫攻坚督查巡查的重要内容，把工作督查作为常

态化工作,不间断地进行督查调度,及时发现并解决问题,并建立督查通报制度,加大考核问责力度,督查情况在全区范围内进行通报,并抄送自治区、盟市、旗县主要领导和相关部门,对工作推进不力的单位和个人,要启动问责追责,并及时整改。按照国家发展改革委、国务院扶贫办联合印发的《易地扶贫搬迁工作成效考核暂行办法》要求,完善考核机制,早布置、早安排。

吉林省 2016 年易地扶贫
搬迁工作进展和 2017 年工作打算

◇◇◇◇◇◇◇◇◇◇◇◇◇◇◇◇◇◇◇◇◇◇◇◇◇◇◇◇◇◇◇◇◇◇◇◇◇◇◇

一、2016 年易地扶贫搬迁情况

吉林省认真贯彻落实全国易地扶贫搬迁工作电视电话会议精神,加强组织领导,落实主体责任,积极稳妥推进易地扶贫搬迁工作,全面完成了易地扶贫搬迁年度目标任务。吉林省全省 14 个县(市、区)25 个易地扶贫搬迁项目全部开工建设,项目开工率 100%;完成投资 2.49 亿元,建设和购置安置住房 926 套 4.5 万平方米,搬迁入住建档立卡贫困群众 1076 人。

(一)领导重视,部门协同配合

省委、省政府高度重视易地扶贫搬迁工作。省委书记多次深入到延边朝鲜族地区易地扶贫搬迁工程现场调研,分管副省长多次组织召开易地搬迁联席会议和专题会议,研究部署易地扶贫搬迁工作,协调解决搬迁工作中的困难和问题。同时,建立了由省发改委、省扶贫办牵头,省财政厅、省国土资源厅、人民银行长春中心支行和国开行吉林省分行、农发行吉林省分行为成员单位的联席会议制度,统筹谋划、协调推进全省易地扶贫搬迁工作。各县(市、区)发改、扶贫等相关部门和乡(镇)政府、村委会分工协作、上下联动、合力推进。

（二）规范制度，明确目标任务

我们在深入调研、摸清底数的基础上，制定了《吉林省"十三五"易地扶贫搬迁实施方案》和《吉林省易地扶贫搬迁工作联席会议制度》，确定了吉林省的搬迁规模、建设任务，明确了部门职责分工。省发改委、省财政厅、省扶贫办联合制定下发了《吉林省易地扶贫搬迁资金管理办法》，规范了资金拨付程序，提高了资金使用效率，为统筹推进全省易地扶贫搬迁工作提供了制度保障。

（三）精准搬迁，合理确定安置方式

按照国家要求，各县（市、区）在搬迁规模、搬迁对象、建设任务、安置方式确定和扶持政策制定等方面，精准到村、到户、到人。统筹考虑水土资源条件、城镇化进程及搬迁对象意愿，科学规划易地扶贫搬迁安置点，合理选择安置方式，妥善解决好贫困群众搬迁后的生产生活问题，从而充分调动搬迁群众的主动性和积极性，为搬迁工作的整体推进奠定了坚实基础。

（四）简化程序，加快资金拨付进度

严格按照易地扶贫搬迁资金管理办法要求，强化资金管理和使用，确保资金拨付程序安全合规、专款专用。国家开发银行吉林省分行、中国农业发展银行吉林省分行、省级投融资主体按照职责分工，主动协调各相关县（市）平台公司和实施主体，完善项目前期手续，规范资金申请程序，严格审查资金申请材料，按照各地材料完善情况和工程进度拨付项目资金。

（五）强化措施，助力搬迁群众加快脱贫

为了保障搬迁户能搬得出、稳得住、有事做、能致富，各地对建档立卡搬迁群众积极开展产业扶持和技能培训，加大力度扶持搬迁群众发展产业，鼓励搬迁群众创业就业，积极帮助搬迁群众谋划后期脱贫措施，推动贫穷地区群众脱贫致富。通榆县、镇赉县计划通过建设牧业小区、棚膜经济园区和开展专业合作社带动贫困户就业；和龙市、安图县和汪清县计划通过打造光伏小村、开展电商扶贫和开展旅游扶贫等方式，帮助搬迁群众增加收入；各地努力完善农村最低生活保障制度，切实加大对困难群众的基本生活保障力度，对60岁以上以及因残因病丧失劳动能力的贫困人口全部实施兜底保障。

（六）完善考核机制，扎实推进项目建设

为切实推动易地扶贫搬迁政策高效落实，不断加强易地扶贫搬迁工作督导力度，确保新时期易地扶贫搬迁工作开好局、起好步，吉林省采取多种形式进行督导考核，将项目的质量、安全和资金使用监管贯穿易地扶贫搬迁工作的全过程，确保搬迁工作扎实推进。按照吉林省脱贫攻坚领导小组安排部署，2016年12月初，我们对全省14个县（市、区）易地扶贫搬迁工作进行了年度考核。通过实地走访、召开干部群众座谈会、查阅资料等形式，重点检查了搬迁对象识别、工程组织实施、项目建设进展、资金使用管理、脱贫帮扶措施和投融资主体运行等方面，及时发现、解决存在的困难和问题，限期予以整改，有力地推动了易地扶贫搬迁工作有序开展。

二、2017年易地扶贫搬迁工作初步安排

（一）提高思想认识，加强搬迁政策宣传

易地扶贫搬迁是打好脱贫攻坚战的"当头炮"，对于帮助贫困群众同全体人民一道迈入全面小康社会具有决定性意义。省、市、县各级部门要统一思想，充分认识易地扶贫搬迁工作的重要性、紧迫性和艰巨性，加大对易地扶贫搬迁政策宣传力度，促进政策宣传进村到户，坚决打赢易地扶贫搬迁这场硬仗。

（二）摸清搬迁底数，科学确定年度搬迁任务

在精准识别的基础上，坚持群众自愿、积极稳妥原则，明确搬迁任务，合理

选择搬迁安置方式,因地制宜确定安置点。围绕 2017 年易地扶贫搬迁的目标任务,结合新型城镇化和农业现代化,科学编制"十三五"易地扶贫搬迁规划和年度实施计划,把易地扶贫搬迁与新型城镇化和美丽乡村建设结合起来,与提高公共服务水平结合起来。

(三)统筹资金政策,合力推进易地扶贫搬迁工作

统筹整合财政专项扶贫资金和相关涉农资金,利用好交通、民政、卫生、教育等部门的各项倾斜政策,合力推进易地扶贫搬迁工作。

(四)完善政策措施,增强搬迁群众后续发展能力

精确瞄准建档立卡的贫困村、贫困户,分类制定搬迁脱贫方案,因地制宜、因人而异制定和落实后期脱贫政策措施。强化脱贫导向,对准搬迁贫困人口,推进产业扶贫,加强技能培训,狠抓劳务输出,注重社保兜底,全力做好搬迁后的文章,促进贫困群众持续增收。

安徽省2016年易地扶贫搬迁工作进展和2017年工作打算

一、2016年易地扶贫搬迁工作总结

全国易地扶贫搬迁工作电视电话会议以来,安徽省委、省政府认真贯彻落实党中央、国务院决策部署,坚持把易地扶贫搬迁作为脱贫攻坚的"当头炮"和重中之重,牢固树立"搬迁是手段、脱贫是目的"的工作理念,按照"省负总责、市县抓落实"的要求,全力推进实施。

一是坚持高位推动,强化组织领导。省委、省政府高度重视易地扶贫搬迁工作,省委书记、省长、常务副省长、分管副省长等省领导多次深入基层就易地扶贫搬迁工作开展调研。2015年年底,省政府即成立易地扶贫搬迁工作领导小组,常务副省长任组长,分管副省长任副组长,办公室设在省发展改革委。2016年4月20日,省政府召开全省电视电话会议,全面启动易地扶贫搬迁工作。2016年以来,领导小组召开6次专题会议,研究易地扶贫搬迁重大政策和推进措施。10月27日和12月3日,省政府分别在岳西、阜南两县召开现场推进会和工作推进会,总结经验,指出问题,推动易地扶贫搬迁工作。全省28个县(市、区)都成立了领导小组(或指挥部),落实了工作专班。二是坚持系统谋划,强化政策保障。2016年1月,省政府印发《关于易地扶贫搬迁工程的实施意见》(皖政办〔2016〕5号),明确了工作目标和要求;3月,安徽省建设投

资公司牵头组建易地扶贫搬迁省级投融资主体——易安公司,落实了省级统贷统还的职能。6月,领导小组制定出台《"十三五"时期易地扶贫搬迁实施办法》,明确了政策标准和操作程序;省财政厅牵头制定了《易地扶贫搬迁融资管理指导意见》,省国土资源厅印发《关于用好用活增减挂钩政策积极支持扶贫开发及易地扶贫搬迁工作的通知》。9月,《全国"十三五"易地扶贫搬迁规划》下发后,及时开展研究,编制了《安徽省"十三五"易地扶贫搬迁规划》,即将印发。12月,省发展改革委、省扶贫办、省财政厅、省国土资源厅联合下发《关于做好易地扶贫搬迁旧房拆除、土地复垦和增减挂钩等工作的通知》,进一步完善相关政策。通过努力,安徽省易地扶贫搬迁政策体系基本形成。三是坚持上下联动,强化宣传引导。3月、6月,省发展改革委牵头举办两次大规模的易地扶贫搬迁专题培训班,全面解读政策、宣传发动,全省500多人参加培训;组织编印《易地扶贫搬迁文件汇编》和《政策指引》,指导各地吃透政策精神,严格把握相关标准;在省发展改革委门户网站开设"十三五"易地扶贫搬迁专栏;在安徽电视台、安徽日报等省内主流媒体定期进行宣传报道;编发工作简报10期,介绍推广各地的好做法好经验。同时,各有关市、县也采取多种形式全方位开展政策宣传,形成了上下联动的工作格局,为易地扶贫搬迁营造了良好的舆论氛围。四是坚持节点管控,强化协调调度。国家计划下达后,第一时间将搬迁任务和投资计划分解下达到各有关县(市、区),要求各地同步完成搬迁对象精准确认、安置点规划选址、安置住房户型设计等前期工作,加快工程实施进度,力争年底前完成住房建设目标,春节前达到搬迁入住要求。为及时掌握各地工作进展和工程进度,组织开发了网上直报系统,建立了工作进展情况"一月双报"和定期通报制度,加强工作调度。五是坚持问题导向,强化督查整改。从5月份开始,省发展改革委先后组织开展了4次专项督查。11月初,省发展改革委又组成5个督查组,对全省28个县(市、区)开展了全面督查。针对督查中发现的问题,省发展改革委会同省扶贫办两次约谈了4个县的政府主要负责同志;以领导小组办公室名义下发了《关于进一步做好易地扶贫搬迁工作的通知》,要求各地在确保完成2016年目标任务的基础上,抓紧开展自查整改,严格执行国家相关政策标准;同时,对10个问题较多的县（市、区）下发了督办通知，要求抓紧落实整改措施，坚决纠正违背国家政策规定的行为，保证不发生颠覆性错误。六是坚持因户施策，强化后续扶持。在实际工作中，我们牢牢把握搬迁脱贫这一核心目标，要求各地按照精准到户到人的要求，在搬迁对象确认、安置点选址、住房及配套设施建设标准控制、后续脱贫措施落实等方面严格把关，因地制宜，因势利导，做到一户一档，一户一策，完善产业扶持、就业保障、光伏扶贫、技能培训、金融支持、教育卫生、劳务输出、资产收益等综合扶贫举措，建立健全搬迁户稳定脱贫的体制机制，确保搬迁贫困户"搬得出、稳得住、有事做、能发展"，真正做到"挪穷窝"与"换穷业"并举。

二、2017 年易地扶贫搬迁工作打算

按照安徽省委、省政府的统一部署和国家发展改革委的工作安排，在继续抓好 2016 年易地扶贫搬迁工作收官，确保完成 2016 年搬迁脱贫任务的同时，认真做好检查自评、"回头看"总结工作，在此基础上，尽早部署安排、组织实施 2017 年易地扶贫搬迁工作。

（一）全面总结 2016 年搬迁工作

根据国家发展改革委印发的《易地扶贫搬迁工作成效考核暂行办法》要求，安徽省已于 2016 年 12 月 19 日下发了《关于开展 2016 年易地扶贫搬迁自查自评工作的通知》，要求各地对照年度计划，对工作进展、工作实绩、推进机制等开展自查自评，于 2017 年春节前形成自评报告报省易地扶贫搬迁工作领导小组。省里将在春节后组织开展全面检查评估，确保在 2017 年 3 月底前形成省级评估报告报国家发展改革委，并切实做好迎接国家考核评估的准备工作。

（二）全力实施 2017 年易地扶贫搬迁工作

通过一年的实践探索，各地都积累了一定的经验，大多数县区已开始谋划

2017 年的工作,个别县区 2017 年项目已经提前实施。在抓好 2016 年任务完成情况考核评估的同时,我们将全力抓好 2017 年搬迁工作,重点把握好以下关键环节:一是尽快落实 2017 年搬迁任务。待国家计划下达后,我们将及时把任务分解下达到各有关县(市、区)。同时,要求各地提前做好搬迁对象确认、集中安置点选址、项目实施方案编制、建设用地报批等工作,为项目尽快开工创造条件。二是优化搬迁安置方式。总结 2016 年搬迁工作,最大的启示是,采取集中安置方式既能有效控制住房面积、保证工程进度,又能有效解决搬迁贫困户的后续脱贫发展。2017 年,我们将要求各地尽可能采取集中安置方式,提高搬迁安置质量。三是强化后续脱贫发展。从 2016 年情况看,后续脱贫工作还有待细化、实化。2017 年,我们将要求各地把工作重心转到搬迁脱贫上来,通过典型示范,推动各地真正做到精准到户到人,确保做到搬迁一户、脱贫一户。四是抓好增减挂钩政策的实施。学习借鉴其他省份的成功经验,及时总结推广安徽省部分县区的探索实践,推动有条件的县区用好用活城乡建设用地增减挂钩政策,为今后还贷提供稳定的资金来源。

福建省 2016 年易地扶贫搬迁工作进展和 2017 年工作打算

一、2016 年易地扶贫搬迁工作总结

2016 年,福建省认真贯彻落实党中央、国务院决策部署,把实施易地扶贫搬迁作为打赢脱贫攻坚战的重要抓手,强化组织领导,加大政策扶持,狠抓工作落实,全省易地扶贫搬迁工作取得了阶段性成效。主要经验做法有:

(一)坚持统筹推进,切实加强组织领导

福建省委、省政府高度重视易地扶贫搬迁工作,省委书记、省长多次作出重要批示,并在全省扶贫开发工作会议和全省脱贫攻坚精准施策工作视频会议上,对做好全省易地扶贫搬迁工作进行动员部署;常务副省长、分管副省长多次主持召开专题会议,对易地扶贫搬迁具体事项逐一协调推进,层层落实责任。省里还在省扶贫开发工作领导小组下专门成立了由省扶贫办、省发改委、省财政厅、省国土资源厅等组成的全省易地扶贫搬迁工作小组作为易地扶贫搬迁工作决策机构,建立任务明确、分级负责的工作机制,统一组织、指导和检查督促,各部门分工协作、合力推进,确保搬迁工作有序开展。

(二)坚持精准务实,做好搬迁规划计划的编制下达

按照国家要求,福建省在组织开展建档立卡"回头看"工作的基础上,编

制了全省易地扶贫搬迁"十三五"规划、实施方案和 2016 年实施计划,明确了易地扶贫搬迁目标任务。对全省贫困人口进行了精准识别,下达 2016 年造福工程搬迁计划任务 25 万人,要求年内完成搬迁 15 万人,有搬迁意愿的建档立卡国定标准贫困人口 5.93 万人、省定标准贫困人口 1.94 万人搬迁计划全部下达。

(三)坚持政策导向,抓好政策细化实施

一方面,制定出台一系列有利于调动各地易地扶贫搬迁积极性的政策措施。一是提高省级财政补助标准。在对所有搬迁户由省级财政按人均 3000元的标准给予补助的基础上,省级财政从 2016 年起对 1.94 万省定扶贫标准的搬迁人口再给予每人 7000 元的补助(实现与国定标准贫困户每人 7000 元的补助标准持平),以调动省定标准贫困户搬迁的积极性。二是提高易地扶贫搬迁工程集中安置区配套设施建设补助标准。整合省级有关部门资金 2 亿元,比上年增长 1 倍,切块下达到各相关设区市,全部用于支持易地扶贫搬迁集中安置区建设。对百户以上安置区,在补助 150 万元的基础上,每增加10 户增加补助 10 万元,每增加 100 户增加补助 150 万元。对 50 户以上安置区,在补助 50 万元的基础上,每增加 10 户增加补助 10 万元。同时,降低安置区建设门槛,对 20—49 户的安置区,以 20 户补助 20 万元为基础,每增加 10 户增加补助 10 万元。三是完善土地增减挂钩收益分配政策。搬迁户按规定开展旧宅基地复垦的,优先纳入交易,并从增减挂钩收益中给予每户一定的补助,其余用于集中安置区基础设施建设。另一方面,加强易地扶贫搬迁政策解读和工作指导。一是开展"十三五"易地扶贫搬迁政策宣讲解读,组织召开宣讲电视电话会议,解读中央关于新一轮易地扶贫搬迁工作的有关政策。二是及时将国家发展改革委关于易地扶贫搬迁的政策解读有关材料转发各有关部门和市、县(区),供各部门各地区在工作中参考。三是针对一些地方在推进易地扶贫搬迁工作中存在的搬迁对象把握不准、安置住房面积超标、资金运作不畅等问题,及时研究下发指导意见,进一步明确易地扶贫搬迁住房建筑面积、补助政策、资金运作、后续脱贫等重要政策和要求,确保全省易地扶贫搬迁工作顺利有序推进。

（四）坚持规范高效，落实各渠道资金保障

一是严格按照有关规定安排下达各类专项资金。将国家下达福建省的2016年易地扶贫搬迁中央预算内投资1.33亿元及时分解下达到相关县（市、区）。落实提前实施易地扶贫搬迁的补助资金。为加快易地扶贫搬迁工作进程，根据福建省委、省政府的工作部署，福建省扶贫办、省发改委、省财政厅5月联合下达2016年造福工程扶贫搬迁计划任务，将全省有搬迁意愿的建档立卡国定标准贫困人口59273人全部纳入2016年易地扶贫搬迁计划全部搬迁安置。福建省政府明确，对国家暂未安排中央预算内投资补助的搬迁对象缺口资金由省级财政预拨，待国家发展改革委中央预算内投资补助资金下达后归还省级财政垫付资金。7月初，福建省发改委、省扶贫办以闽发改区域〔2016〕514号文预下达易地扶贫搬迁中央投资补助29591.1万元，确保搬迁对象可获得的中央补助资金按标准提前落实到位。下达省级补助资金2亿元，用于支持造福工程扶贫搬迁集中安置区基础设施建设。二是规范易地扶贫搬迁相关资金管理。制定出台《福建省易地扶贫搬迁中央预算内投资管理实施办法》《福建省易地扶贫搬迁项目资金管理暂行办法》，对中央预算内投资补助资金和省级投融资主体统一承接的易地扶贫搬迁资金管理作出规定。三是抓好易地扶贫搬迁资金的承接落实。组建福建省扶贫开发投资有限公司作为省级易地扶贫搬迁投融资主体，承接地方政府债券（国定贫困户易地扶贫搬迁每人1万元）、国家专项建设资金（国定贫困户易地扶贫搬迁每人5000元）和低成本长期贷款（国定贫困户易地扶贫搬迁每人不超过3.5万元），并协调推动有易地搬迁任务的县（市、区）成立相应的投融资平台。拓宽搬迁资金筹措渠道，充分利用国家下达福建省的地方政府债、专项建设基金、贴息贷款等支持政策，加大对自愿搬迁的建档立卡贫困户的扶持力度，努力做到应搬尽搬。

（五）坚持质量并重，扎实推进项目建设

一是统筹规划。坚持把造福工程易地扶贫搬迁纳入各地经济社会发展规划的总体框架,把造福工程搬迁安置与小城镇发展、工业园区开发、新农村建设、灾后重建有机结合,统一规划、统一建设。二是创新搬迁安置方式。采取集中与分散安置相结合,鼓励引导集中安置。按照经济、实用原则,严格控制农村一宅一户建筑面积。对建档立卡贫困户新建基本住宅,购买集镇、中心村空置的安全、实用二手房,在城镇有稳定收入来源到城镇购房,均实行同等搬迁补助政策。依托安置区已有基础设施、公共服务设施以及土地、空置房屋等资源,由当地政府采取回购空置房屋、配置相应耕地等资源安置部分搬迁对象。三是严把政策红线。严格落实国家关于建档立卡贫困人口搬迁安置人均住房建设面积不超过 25 平方米的标准要求,对于部分搬迁项目超出标准的,结合实际采取有效措施进行整改。四是加强易地扶贫搬迁工作推进情况的监督检查。2016 年 6 月份组织开展了易地扶贫搬迁实施情况的自查整改工作,在各地对易地扶贫搬迁工程实施和脱贫发展工作的精准性、合规性等进行自查基础上,对部分市县、部分项目进行了抽查,督促各地狠抓搬迁范围控制、项目开工建设、资金承接下达、建设面积控制、后续脱贫发展等工作。11—12 月对全省 2016 年易地扶贫搬迁项目进行了全面监督检查,部署区市之间对项目建设进展、资金分解下达和使用、易地扶贫搬迁任务进展、住房建设标准控制、扶贫政策细化落实和项目管理等方面情况进行交叉检查,并对部分市县、部分项目进行重点检查,督促各地严格执行易地扶贫搬迁政策,推动工作全面落实到位。

（六）坚持多措并举,精准施策稳定脱贫

一是制定出台《福建省发展特色产业促进精准脱贫的实施意见》,指导各地扎实推进特色产业精准扶贫、精准脱贫工作,通过扶持特色农业生产、家庭经营脱贫一批,通过引导和组织务工、就地务工脱贫一批。二是推动金融精准扶贫。用好用足易地扶贫搬迁金融支持政策,抓好 60 个具有千户以上建档立卡贫困户的县（市、区）扶贫小额担保贷款试点工作。三是加大对搬迁户的后续扶持力度,优先安排搬迁户参加"雨露计划"培训,提高搬迁群众的就业技能。引导和鼓励搬迁户以租赁、转包、入股等形式将承包经营的土地、山林等资源进行流转,增加其财产性收入。

二、2017年工作打算

2017 年,福建省将继续深入贯彻落实党中央、国务院关于打赢脱贫攻坚战的决策部署,积极主动作为,全力推进易地扶贫搬迁工作,2017 年拟搬迁建档立卡国定标准贫困人口 47055 人、同步搬迁人口 52945 人。完善各项政策举措,采取精准扶贫综合措施,依法依规安排好落实好易地扶贫搬迁相关专项资金,确保全省年度搬迁任务保质保量按时完成。

一是加大资金保障力度。争取国家发展改革委支持落实 2016 年提前实施和 2017 年新增的易地扶贫搬迁人口中央预算内投资和贴息贷款,做好搬迁资金拨付工作,确保搬迁资金按需及时到位。二是加大项目推进力度。坚持定期巡查调度,全面掌握搬迁项目进展情况,及时协调解决项目建设中的问题。督促指导各县区严格落实搬迁计划,按照计划确定的任务书和时间表,倒排工期、扎实推进,确保完成 2017 年搬迁计划任务。三是加大监督管理力度。进一步强化扶贫政策执行和项目建设、资金使用情况的监督检查。加强对各地易地扶贫搬迁政策执行和工作推进情况的监督管理,确保项目顺利推进,资金使用安全廉洁高效。

江西省 2016 年易地扶贫搬迁工作进展和 2017 年工作打算

2015 年 12 月全国易地扶贫搬迁工作电视电话会议召开以来,江西省各级党委、政府高度重视,加强组织领导,及时贯彻会议精神,研究制定实施方案。按照职责分工,各级发改、扶贫、财政等部门及投融资平台加强协调合作,广泛宣讲政策,核实搬迁对象,多渠道筹措资金,合力推进易地扶贫搬迁工作的开展。

一、基本情况

(一)项目总体情况

2016 年江西省易地扶贫搬迁 9.6 万人,其中建档立卡贫困人口 4.2 万人,同步搬迁人口 5.4 万人。涉及 52 个县(市、区),共规划建设安置项目 709 个。

(二)资金拨付情况

中央预算内投资两批共 2.94 亿元、省财政专项补助资金 4.74 亿元均已下拨到县(市、区)。省级投融资主体拨付到县(市、区)实施主体资金 36.2 亿元,其中,地方政府债券资金 19.4 亿元,专项建设基金 2.1 亿元,贴息贷款

14.7 亿元。

二、主要做法

（一）加强组织领导，开展政策宣讲

省委、省政府主要领导和分管领导多次深入深山区、贫困地区和搬迁安置区指导调研易地扶贫搬迁工作。省政府成立了以分管副省长为组长的易地扶贫搬迁工作小组，多次召开专题协调会研究江西省易地扶贫搬迁"十三五"规划、实施方案编制工作。全省有搬迁任务的县（市、区）都成立了以县（市、区）委书记为组长、县（市、区）长为副组长的易地扶贫搬迁工作领导小组，进一步强化组织领导。协调做好中央宣讲组来江西省开展易地扶贫搬迁政策宣讲工作，省直有关部门、县（市、区）政府和扶贫部门负责同志共 100 余人参会。认真组织召开全省"十三五"易地扶贫搬迁政策宣讲解读电视电话会议，有易地扶贫搬迁任务的县（市、区）政府、有关部门负责人及乡镇主要负责人等近1800 人参加了会议。及时将国家发展改革委印发的易地扶贫搬迁工作政策指引材料及时印发省直有关部门和市县学习、借鉴。各项目县（市、区）采取召开会议、编印宣传手册、走村入户等形式广泛开展宣传活动。通过开展政策宣讲，发动各地学习贯彻落实国家易地扶贫搬迁政策。通过一系列政策宣讲，各地提高了认识，统一了思想，坚定了信心，为全面组织实施"十三五"易地扶贫搬迁工作打下了基础。

（二）编制实施方案，核定规划数据

根据国家发展改革委等五部委《关于印发"十三五"易地扶贫搬迁工作方案的通知》要求，及时起草了《江西省"十三五"易地扶贫搬迁工作实施方案》，多次征求了有关部门和项目县（市、区）意见，经省扶贫开发领导小组审议通过，2016 年 5 月以省政府办公厅名义印发。该方案既保持了原有基本政策的

连续性,又体现了精准扶贫、精准搬迁、创新投资机制的新要求。各地都按要求制定了相应的实施办法,完善了搬迁安置的政策。多次部署全省深入开展专项核查工作,不断提高全省"十三五"易地扶贫搬迁规划和2016年计划数据的准确度。经有关县(市、区)政府正式确认,"十三五"期间,全省确定了65个县(市、区)易地扶贫搬迁对象为38.5万人,其中,建档立卡搬迁人口17.4万人,同步搬迁人口21.1万人。并相应调整完善了江西省"十三五"易地扶贫搬迁规划。

(三)抓好计划分解,落实安置项目

在制定下发全省易地扶贫搬迁工作实施方案和编制规划的基础上,根据国家下达的2016年度搬迁计划,在与市、县充分沟通衔接基础上,省发改委、省扶贫和移民办、省财政厅、人民银行南昌支行联合分解下达了2016年易地扶贫搬迁任务、中央预算内投资计划和贴息贷款规模。各地按照"计划跟着对象走,项目跟着计划走,资金跟着项目走"的基本路径,进一步优化项目实施方案,落实安置项目,建立搬迁安置对象台账。在此基础上,编印了全省搬迁对象和安置项目汇总统计表,确保搬迁安置对象与建设项目的"双落实"。

(四)加大推进力度,早开工早见效

2016年3月,在修水县召开了由县(市、区)政府负责人参加的全省扶贫和移民工作暨搬迁移民扶贫现场会,省领导出席会议并讲话。实地参观了修水、武宁县进城进园搬迁移民安置点项目,交流了工作经验,进一步推动了工作开展。在抓好2016年项目实施的同时,各地积极谋划,切实安排好今后两年的搬迁计划项目。特别是赣州市定位高、规划远,全市"十三五"易地扶贫搬迁项目2016年全部开工建设,所有搬迁计划2017年全部一次性融资到位,争取了扶贫搬迁安居攻坚战的主动权。修水、于都、龙南、崇义、大余、乐安、黎川等县市总结了多年来搬迁安置的经验,主动作为,在2015年下半年提前开工建设了2016年的安置项目,做到了早安排、早建设、早受益,实现了当年安置住房、搬迁计划、安置对象落实"三同步"。

（五）采取多种措施，严控建设标准

省发展改革委、省扶贫和移民办联合下发《关于严格控制易地搬迁住房建设面积的通知》（赣发改地区〔2016〕252号），强调各地要坚决守住建档立卡贫困户搬迁人均住房建设面积不超过25平方米、贫困户搬迁不能举债建房"两条底线"。各地通过县级政府下发文件、压实责任、强化说服引导、补助资金制约等多种措施，扎实做好安置住房面积控制工作。按照"经济实用、简洁大方、经典耐看、确保基本、预留空间"的要求，集中安置点住房设计多种户型供搬迁户选择。对分户建房的建档立卡贫困户，建房以一层为主，采取在分配的宅基地预留续建空间，待其脱贫后自行续建或加层。对同步搬迁的农户，各地结合地方财力和移民自筹能力，合理确定住房控制面积标准。针对检查中发现的部分贫困户存在攀比现象、住房面积过大问题，省发改委、省扶贫和移民办联合下发《关于抓紧核查整改易地扶贫搬迁工作中苗头性倾向性问题的通知》（赣发改地区〔2016〕1396号），各地迅速开展核查整改工作，严控住房面积，防止贫困户因搬迁而举债、因搬迁而影响脱贫现象发生。

（六）积极搞好协调，做好投融资工作

根据省政府办公厅印发的《江西省"十三五"期间易地扶贫搬迁工程建设项目融资信贷方案》（赣府厅字〔2016〕119号），省行政事业资产集团有限公司为江西省易地扶贫搬迁省级投融资主体，负责全省易地扶贫搬迁融资统借统还工作。随后，省扶贫和移民办作为政府采购方与省行政事业资产集团有限公司签订了购买江西省"十三五"易地扶贫搬迁项目服务协议，全面启动了省级易地扶贫搬迁投融资工作。各有关县（市、区）按照要求确定了县级易地搬迁项目实施主体。目前，县级项目实施主体与省级投融资主体已签约，共投放资金36.2亿元。

（七）落实后扶项目，同步规划建设

各地在规划建设搬迁安置工作点的同时，把后续产业和就业扶持作为重要内容,同步规划、同步推进,确保贫困群众搬迁后有稳定的生活来源。于都、宁都、瑞金、上犹、龙南、修水、遂川等地充分利用安置点所在的工业园区,积极帮助搬迁对象就业。还通过"农村电子商务孵化工程""金蓝领就业创业培训工程""光伏发电产业扶贫工程""企业对接就业促进工程"以及政府购买公益性就业岗位等综合扶持脱贫措施,保证搬迁后群众有稳定的收入。

(八)完善管理制度,加强调度通报

省财政厅印发了《江西省易地扶贫搬迁工程建设项目资金管理办法》(赣财办〔2016〕90号),省扶贫和移民办、省发改委印发了《江西省易地扶贫搬迁项目实施管理办法》(赣扶移字〔2016〕32号),还即将下发《江西省易地扶贫搬迁工作考核办法》。易地扶贫搬迁项目和资金管理办法的出台,进一步规范完善了项目管理体系,为做好新时期易地扶贫搬迁工作提供了重要保障。坚持项目进度月调度制度,及时掌握项目建设进展情况,2016年8月以来,省扶贫和移民办、省发改委根据项目进展情况,两次下发了项目进度情况通报,并抄送有关设区市、县(市、区)政府,督促各地加大工作推进力度,严格遵照国家面积控制标准,狠抓后续脱贫扶持工作,有力推动了项目建设进展。

三、2017年工作思路

(一)进一步督促2016年项目建设进度

加强调度通报,督促各地抓紧项目建设实施进度,保证住房建设质量,确保按项目工期要求完成安置任务。

(二)落实好今后两年年度计划

抓紧做好2017年度全省易地扶贫搬迁对象和安置点建设项目落实工作,确认年度搬迁计划,做好项目实施方案的备案工作,加快推进开工前期准备工作,确保项目如期开工、如期建成。对 2018 年搬迁安置项目做好先期规划等前期准备工作,确保如期完成江西省"十三五"易地扶贫搬迁任务。

（三）加强督促检查和调研

按照项目和资金管理办法,定期开展督促检查,确保对象落实、计划落实、项目落实。进一步落实县级主体责任,严格住房建设标准,坚决防止贫困户因搬迁举债。强化项目精细化管理,深入调研,及时掌握工作中的好经验、好做法和存在的问题。

（四）做好考核工作

根据国家考核要求,按照《江西省易地扶贫搬迁工作考核办法》,通过县（市、区）自查、省市联合抽查和接受国家检查的方式,开展全省易地扶贫搬迁工作的年度考核,确保易地扶贫搬迁工作取得实效。

山东省2016年易地扶贫搬迁工作进展和2017年工作打算

2016年,山东省认真贯彻落实中央扶贫开发工作会议、全国易地扶贫搬迁工作电视电话会议和全国易地扶贫搬迁(贵州)现场会精神,按照省委、省政府工作部署,加强组织领导,加大政策扶持,狠抓工作落实,扎实推进《山东省"十三五"易地扶贫搬迁规划》实施,易地扶贫搬迁工作进展顺利,取得重要阶段性成效。

一、2016年工作进展和主要措施

实施易地扶贫搬迁,是党中央、国务院为打赢脱贫攻坚战采取的一项重大举措。省委、省政府及各级党委、政府都充分认识到易地扶贫搬迁工作的重要性、艰巨性,把易地扶贫搬迁作为重要的政治任务,重视程度高,安排部署早,组织领导强,政策措施实,工程建设进度快、质量高,资金筹集使用规范,脱贫措施落实得力,群众对搬迁工作认同感高,全省易地扶贫搬迁工作取得了积极成效。

(一)坚持统一思想,切实加强组织领导

山东省委、省政府高度重视易地扶贫搬迁工作,省政府先后组织召开了全省扶贫开发工作会议、易地扶贫搬迁工作会议、现场督查推进会和座谈会，多次召开扶贫开发领导小组会议，对搬迁工作进行安排部署。按照"中央统筹、省负总责、市县抓落实"的管理机制，省市县乡主要领导亲自抓、分管领导靠上抓，发改部门统筹协调组织实施、其他相关部门分工协作合力推进，一级抓一级、层层抓落实，形成了"4+N"联动推进、部门协同配合的齐抓共管工作机制，确保了搬迁工作有序开展。省里建立了由省发改委牵头，扶贫、财政、国土、人民银行等相关部门配合联动的工作机制，分工协作，各负其责，合力推进。省发改委多次组织召开工作座谈会、协调会，加强工作推进和协调调度，为搬迁工作的顺利推进奠定了坚实基础。承担搬迁任务的各县（市、区）及乡镇，均成立了易地扶贫搬迁工作领导小组或指挥部，负责搬迁项目的组织协调、政策落实、项目建设等工作，确保搬迁工作取得实效。

（二）坚持精准设计，科学编制搬迁规划

加强对全省易地扶贫搬迁工作的指导，搞好顶层设计，强化规划引领，是确保搬迁工作有序推进的关键。按照国家要求，山东省在深入调研、摸清底数的基础上，研究制定了工作方案，出台了土地、金融、公共服务、扶贫脱贫等支持搬迁的 6 大类 50 项政策措施，精心组织编制完成了《山东省"十三五"易地扶贫搬迁规划》（以下简称《规划》）。《规划》突出精准搬迁，对全部搬迁对象、建设任务、安置方式、扶持政策等，都做到了精准到村、到户、到人，确保规划精准可行，任务落到实处，切实增强可操作性。突出资金保障，在中央预算内投资补助的基础上，省财政对建档立卡贫困人口和同步搬迁人口人均分别补助 18000 元和 9000 元。明确了资金筹措方案，确保搬迁资金落实到位。突出后续脱贫，提出了产业发展、旅游开发、创业就业、职业培训、社会保障等多方面的扶贫政策措施，确保搬迁户能致富。突出群众工作，要求强化舆论宣传，注重典型示范，吸纳群众广泛参与，把群众工作做深做细、做实做透，力求平稳有序搬迁，确保社会稳定。突出压实责任，明确了16 个省直部门和市县政府的任务和职责分工，确保各项任务落到实处。目前，《规划》已经省政府批复印发实施，为做好搬迁工作奠定了坚实基础。

各县(市、区)按照省级规划的要求,已修改完善本县(市、区)"十三五"易地扶贫搬迁规划和实施方案,并抓好落实。

(三)坚持规范高效,落实搬迁资金、土地

按照国家发展改革委等五部门《"十三五"时期易地扶贫搬迁工作方案》要求,结合山东省实际,测算出全省"十三五"易地扶贫搬迁总投资约 31.2 亿元,我们研究提出了搬迁资金筹措方案。构建了"省级部门购买服务、省级投融资主体统贷统还、县级项目主体实施建设"的投融资机制,省发改委与省级投融资主体签订了政府购买服务协议,确保各类搬迁资金落实渠道畅通。在资金保障上,2016 年已安排两批中央预算内投资共 4945 万元,省级财政安排专项补助资金 1.6 亿元,中央预算内投资和省级财政补助资金已全部分解下达给相关市县;省里安排的第一批地方政府债 3 亿元已经发行,安排专项建设基金 8500 万元,均已下达相关市县;贴息贷款 3789 万元、金融机构一般贷款1600 万元,也已按各市县项目建设进度需求及时拨付到位,各类资金对项目实施发挥了重要推动作用。在土地保障上,山东省专门出台了《关于做好用地服务保障支持易地扶贫搬迁工作的意见》。对符合条件的易地扶贫搬迁增减挂钩项目,免征新增建设用地土地有偿使用费、耕地开垦费;对不具备增减挂钩条件确需新增用地指标的,予以全额保障、优先安排。2016 年省里新增用地计划预留 3000 亩,专项用于搬迁项目建设,已批复增减挂钩项目 6 个,有力地支撑了项目顺利实施。

(四)坚持质量并重,扎实推进项目建设

按照山东省 2016—2017 年基本完成,2018 年全部兜底完成搬迁任务的目标要求,省发改委会同有关部门,积极协调指导各地抓紧做好项目前期工作,按照成熟一批、启动一批的原则,加快推进搬迁项目实施。科学设计户型,尊重群众意愿和生产、生活习惯,合理布局住房空间,实现空间利用最大化,满足搬迁群众居住需求。狠抓建筑质量,不断强化质量意识和安全意识,在项目选址上,避开地震断裂带和洪水通道;在监理监督上,严格落实招投标制度,强化施工组织,压实住建部门工程质量安全监管责任,形成全方位质量安全保障责任体系,确保搬迁工程万无一失。同时,严格落实国家关于建档立卡户住房建设面积不超过25平方米/人的标准要求,对于部分搬迁项目由于起步较早等原因超出标准的,省里要求各地采取多种方式认真整改。严格调度考核,建立完善了易地扶贫搬迁月调度制度,及时了解工程进度,协调解决项目建设中出现的问题。将易地扶贫搬迁作为重要指标,纳入全省扶贫开发工作成效考核实施细则和脱贫攻坚督查巡查工作办法考核督查范围。

（五）坚持从严从实,建立健全资金监管制度

为切实加强搬迁资金监管,强化资金规范运作,省发改委会同有关部门研究制定了搬迁各类资金使用管理的相关方案和操作流程,研究制定了山东省易地扶贫搬迁中央预算内投资管理办法、省级财政补助资金管理办法、项目融资资金管理办法和专项建设基金监督管理实施细则等4个规范性文件,对用于易地扶贫搬迁项目的财政补助资金使用管理和地方政府债、国家专项建设基金、政策性贷款和金融机构其他贷款等各类融资资金的借、用、管、还等作出了明确规定,有力保障了资金需求。

（六）坚持多措并举,精准施策后续脱贫

易地扶贫搬迁的最终目的是确保搬迁贫困户稳定脱贫。省里出台了光伏扶贫、电商扶贫、健康扶贫等25个脱贫攻坚专项实施方案,明确了扶持后续脱贫的政策措施,指导各市县制定并落实搬迁对象稳定脱贫实施方案。省里在易地扶贫搬迁规划中明确了巩固发展传统产业,大力发展特色农业,积极开发旅游资源,加强创业就业教育培训,完善社会保障等政策措施,积极探索"乡村旅游+特色产业""就业培训+公益岗位""资产收益+物业经济""土地流转+劳务输出"等扶持方式,在实现"两不愁三保障"的基础上,尽快实现稳定脱贫。精准落实兜底脱贫,对搬迁贫困人口中完全或部分丧失劳动能力的,统筹协调农村低保和"五保"供养等政策,加大社会救助力度,新型农村合作医疗、大病保险等政策加大对搬迁贫困人口倾斜力度,实施好兜底脱贫。各地已完

成搬迁的农户后续脱贫措施基本落实到位,脱贫成效初显。

二、2017 年工作打算

(一)加大工作推进力度

按照《山东省"十三五"易地扶贫搬迁规划》及 2017 年实施计划确定的任务目标,科学谋划,认真组织、加强调度督查,确保年度搬迁计划任务顺利完成。

(二)加大资金落实力度

根据各市县搬迁计划,尽快下达 2017 年易地扶贫搬迁省级财政补助资金安排计划。协调金融机构和省级投融资主体,落实好专项建设基金、地方政府债、政策性贷款等搬迁资金,确保资金及时到位,强化搬迁资金保障。

(三)加大调度考核力度

结合山东省实际,研究制定山东省易地扶贫搬迁考核办法。督促指导各县(市、区)拉出清单、倒排工期、挂图作战,制定好任务书和时间表,加强调度督查,每月定期调度搬迁项目进展情况,确保列入计划的项目全部开工建设。对建设完成的项目,指导市县严格做好项目的竣工验收工作。采取随机抽查、实地检查、第三方评估等方式,对建成项目进行核查。

(四)加大监督监管力度

在工程建设上,严格将质量、安全和资金使用监管贯穿项目实施全过程,切实加强建设质量管理,确保搬迁工程质量和施工安全。在资金管理使用上,认真落实好易地扶贫搬迁中央预算内投资、省级财政补助资金、专项建设基金和省级投融资主体相关资金的管理办法,协调相关金融机构切实加强资金使用情况的监督,严格做到专款专用。

河南省 2016 年易地扶贫
搬迁工作进展和 2017 年工作打算

新时期易地扶贫搬迁工作启动后,河南省高度重视,迅速行动,认真贯彻落实党中央、国务院决策部署,把易地扶贫搬迁作为打赢脱贫攻坚战的"当头炮"和重中之重,围绕理顺体制、明确目标、守住底线、精准脱贫的要求,狠抓工作落实,积极稳妥推进,新时期易地扶贫搬迁工作实现良好开局。

一、基本情况

2016 年,河南省易地扶贫搬迁建档立卡贫困人口 9.74 万人,主要分布在深山荒芜区、地质灾害区、生态保护(脆弱)区和河滩受淹区等生存环境差、不具备基本发展条件的"一方水土养不起一方人"的地方,涉及 10 个省辖市、3 个省直管县(市),共 41 个县(市、区),其中,国家集中连片特困地区重点县及国家扶贫开发工作重点县 16 个,省扶贫开发工作重点县 3 个,非贫困县(市、区)22 个。计划建设集中安置项目 304 个,安置住房 2.44 万套,建筑面积 235 万平方米。

二、主要做法和成效

(一)理顺体制机制,健全组织保障

切实将新时期易地扶贫搬迁工作作为一项政治任务摆上重要议事议程。

省委书记和省长多次就易地扶贫搬迁工作作出重要批示,将易地扶贫搬迁工作列为重要议题,在省委常委会、省政府常务会和全省脱贫攻坚推进会上进行具体研究部署。及时成立省易地扶贫搬迁工作领导小组,分管副省长任组长,省直 28 个单位分管领导为成员,并设立领导小组办公室,统一协调推进搬迁工作。成立省扶贫搬迁投资有限公司作为省级投融资主体,承担易地扶贫搬迁项目的投融资及管理。坚持"省负总责,分级落实"的管理体制,明确工作分工和职责,建立省委省政府统一领导、市委市政府统一组织、县委县政府为责任主体、有关部门协同配合、基层干群广泛参与的良好工作机制,形成上下联动、部门协同的良好局面。

(二)加强统筹协调,科学合理规划

结合河南省水土资源状况、就业吸纳能力、产业开发潜力,围绕解决搬哪些人、搬哪里去、钱从哪筹、生计怎么办等问题,统筹协调财政、税收、金融、土地等政策,充分倾听群众意见,合理测算安置容量,科学布局安置点,在组织方式、投融资模式、资产扶贫新机制、拓宽搬迁对象增收渠道等方面积极探索和创新,明确"十三五"时期易地扶贫搬迁工作总体思路、搬迁规模、安置方式、补助标准、建设任务、投资来源、政策保障等内容,预先谋划搬迁群众技能培训、产业发展、创业就业等具体途径和措施,与"十三五"国民经济发展规划、新型城镇化建设规划、土地利用总体规划、产业发展规划等相关规划做好衔接,把"搬迁一批"与其他"四个一批"有机整合,确保规划具有指导性和可操作性,充分发挥引领作用。

(三)用好用活政策,细化实化支撑

先后研究出台《河南省易地扶贫搬迁工作实施意见》《河南省易地搬迁脱贫实施方案》《河南省易地扶贫搬迁工程实施细则》和《关于进一步加快推进易地扶贫搬迁工作的若干意见》等政策文件,为易地扶贫搬迁工作提供全面系统的政策支撑。用好用活城乡建设用地增减挂钩政策,结合河南省实际,研究制定了易地扶贫搬迁"宅基地复垦券"省域内公开交易政策,首次公开拍卖的6000多亩指标均以30万元/亩熔断价成交,所得收益扣除土地复垦成本后用于支持易地扶贫搬迁,实现搬迁群众收益最大化。加大财政支持力度,原定由搬迁群众自筹的人均3000元资金,由省、市、县三级财政负担,各分担1000元,搬迁群众不花一分钱即可入住新居。用足国家各项税收优惠政策,对易地扶贫搬迁住房及配套设施建设、移民产业发展和创业就业等,以及对吸纳一定比例易地扶贫搬迁对象就业的企业,依法给予最大限度的税收优惠。通过举办政策宣讲会、专题培训会和工作座谈会,编发政策指引等多种形式,指导各地、各部门全面准确理解政策内涵,找准方向,走对路子,确保政策执行不走样。

（四）规范资金运作,提高使用效益

省政府授权省财政厅与省扶贫搬迁投资有限公司签订政府购买服务协议,切实落实"省负总责"要求。研究制定《河南省易地扶贫搬迁中央预算内资金管理办法》《河南省易地扶贫搬迁融资资金管理暂行办法》《河南省易地扶贫搬迁融资资金运作流程》,明确项目前期费用、土地征用费用、土地复耕费用及项目建设管理经费来源,加强项目资金的规范化管理运作,确保资金安全合规、专款专用。依法适当放宽金融监管要求,将易地扶贫搬迁贷款与一般商业贷款区别对待,实行差异化政策,采取"免担保、免抵(质)押"的信用贷款。简化银行内部审批流程,减少审批事项,确保贷款及时足额发放。

（五）简化审批手续,加快项目建设

以省政府办公厅名义下发通知,将年度实施方案审批权限下放至县(市、区)政府,所需的土地、规划、环评、施工等相关手续能下放至县级的一律下放至县级审批,开通绿色通道,采取集中办理的方式,缩短审批时间。指导有关市县围绕年度建设目标,制定时间表和路线图,实行挂图作战,加强组织协调,采取有力措施,确保按规定要求开工、完工。同时,省政府组织10个由厅级领导带队的督导组对易地扶贫搬迁进行定期专项督导,加快工作推进。加强自查自纠,组织对全省搬迁项目进行全面自查,及时发现、解决存在的困难和问题,限期予以整改。建立月报机制,及时掌握市县搬迁工作动态,对全省进度情况定期予以通报,督促加快项目建设进度。

(六)聚焦脱贫目标,着力后续发展

牢固树立"易地扶贫搬迁是脱贫搬迁"的理念,不忘扶贫初心,在加快推进搬迁工作的同时,在后续扶持上狠下功夫,多点发力促进转移就业,努力增加搬迁群众收入,实现脱贫目标。研究出台《河南省产业扶持脱贫实施方案》等5个方案、《河南省扶贫对象精准识别及管理办法》等5个办法和《河南省教育脱贫专项方案》等5个专项方案,构建脱贫攻坚"1+5+5+5"政策体系。加大财政涉农资金整合力度,采取产业扶持、技能培训、劳务输出、资产收益扶持等措施,大力推动实施"一村一品"产业基地扶贫工程、"一乡一业"产业园区扶贫工程、扶贫龙头企业带动工程、乡村旅游扶贫工程等,多渠道解决搬迁贫困群众本地就业问题。鼓励群众自主创业,为符合条件的建档立卡贫困户提供"5万元以内、3年以下、基准利率、免抵押、免担保"的小额信贷支持。通过多种渠道、采取多种措施,努力实现每一搬迁户中有就业能力的劳动力至少有1人稳定就业。

三、2017年工作打算

2017年是新时期易地扶贫搬迁承上启下的关键一年,河南省计划搬迁建档立卡贫困人口12.4万人,涉及11个省辖市、3个省直管县(市),共43个县(市、区),项目总投资约74.43亿元。下一步,将重点做好以下几方面工作。

(一)总结经验,稳妥推进

按照汪洋副总理关于易地扶贫搬迁的重要指示精神,迈稳步子、探索路子、总结好经验好做法,进一步加强组织协调,强化督导考核,督促各地围绕加快2016年度项目建设进度,做好跟踪研判,不断调整完善,确保不留或少留"后遗症",将易地扶贫搬迁工作做细做实,力争将河南省搬迁进度和投资完成率在全国位置前移,确保 2017 年 6 月底前完成搬迁入住,圆满完成各项既定目标任务。同时,合理确定 2017 年度搬迁规模,指导督促各地尽快着手制定 2017 年实施计划和实施方案,提前完成规划、土地、环评等相关手续,确保在投资计划下达后能够立即组织实施。

（二）加大扶持,稳定脱贫

围绕搬迁群众脱贫的根本目标,盯紧脱贫措施,同步谋划实施就业培训、劳务输出、产业发展等工作,综合施策、精准施策,切实做到精准脱贫。督促指导市县政府制定和落实好搬迁对象脱贫发展规划或实施方案,加大财政涉农资金整合力度,采取产业扶持、技能培训、劳务输出、资产收益扶持等措施,做到"挪穷窝"与"换穷业"并举、安居与乐业并重、搬迁与脱贫同步,确保符合条件的建档立卡搬迁人口有业可就,实现稳定脱贫。

（三）加强监管,确保成效

建立易地扶贫搬迁信息化管理系统,对易地扶贫搬迁工作的全过程实行在线监控,开展巡视巡查、跟踪审计和第三方评估,加强线下监管,及时总结推广经验,反映解决问题,提高易地扶贫搬迁工作管理的精准度和有效性。建立和完善易地扶贫搬迁工作考核机制,考核结果将作为市县领导班子和主要领导工作实绩的重要内容。加大问责力度,对工作推进不力的单位和个人,要启动问责追责,并及时进行整改。

湖北省 2016 年易地扶贫
搬迁工作进展和 2017 年工作打算

2016 年是新时期易地扶贫搬迁的开局之年。在党中央、国务院的正确领导下,在国家发展改革委等部门的悉心指导下,湖北省认真贯彻落实中央扶贫开发工作会议、全国易地扶贫搬迁工作电视电话会议和全国易地扶贫搬迁(贵州)现场会精神,统筹谋划,聚焦精准,严守政策,高位推进,扎实开展了一系列工作,取得了明显成效,实现了全省易地扶贫搬迁良好开局。2016 年度国家下达湖北省易地扶贫搬迁任务为 8.39 万户 26.47 万人,分布在 12 个市(州、林区)的 57 个县(市、区)。截至 2016 年 11 月 30 日,全省建设房屋 12.81 万户 35.21 万人,其中,集中安置建房 8.58 万户 22.38 万人。主体完工、搬迁入住、购房三项合计 10.04 万户 26.75 万人。全省计划建房面积 662 万平方米,已完成建房面积 776.8 万平方米;计划投资 206.4 亿元,已完成投资 145.4 亿元。国家下达湖北省的年度搬迁建设任务已提前完成。

一、2016 年的主要工作

为全面打赢易地扶贫搬迁攻坚战,湖北省始终严格遵照"理顺机制、明晰目标、守住底线、精准脱贫"的有关要求,重点抓了以下几方面工作:

（一）领导高度重视，强力组织推动

全省上下把易地扶贫搬迁作为脱贫攻坚的"头号工程"，实行"一把手"负责制。全国易地扶贫搬迁工作电视电话会议之后，湖北省第一时间召开省委常委（扩大）会议贯彻落实会议精神。2016 年 3 月 23 日，省委、省政府召开全省易地扶贫搬迁工作专题座谈会，"四大家"主要领导全部出席会议，进行思想再发动、认识再统一、工作再部署。省主要领导和分管领导投入大量时间、精力，多次实地调研，专题研究，亲自部署，高位推进。同时，从省到各地都设立高度集中统一的易地扶贫搬迁工作指挥部，分别从发改、扶贫、移民等部门抽调人员组建专班，层层制定作战图，挂图作战、倒排工期、按图销号，确保搬迁一户，脱贫一户。

（二）严守政策底线，实施"交钥匙"工程

为确保国家政策不折不扣地执行，湖北省在易地扶贫搬迁工作中，全面实施"交钥匙"工程，不论集中还是分散安置，贫困户搬迁建房均由政府统一规划、统一建设、统一质量安全监管，竣工验收后直接分配到户，真正把好事办好办实。一是加强政策宣传。2016 年以来，湖北省先后编制了两期《湖北省易地扶贫搬迁工作资料汇编》，印发了《关于易地扶贫搬迁政策若干问题的解答》，第一时间转发了国家发改委《政策指引》。4 月 11 日，湖北省组织全省有搬迁任务的 12 个市（州、林区）党委或政府分管同志、57 个县（市、区）工作专班负责同志集中进行培训并召开动员大会。同时，为研究解决各地在推进易地扶贫搬迁工作中遇到的难题，多次组织相关县（市、区）召开专题研讨会，及时下发指导意见。二是科学编制规划。始终把规划编制摆在重要位置，组织编制了全省易地扶贫搬迁实施方案及 2016 年度实施计划，指导各县（市、区）编制出台当地易地扶贫搬迁"十三五"规划及实施方案、年度实施计划、安置点规划及搬迁户脱贫计划"四位一体"的易地扶贫搬迁规划，做到规模到县、计划到年、安排到点、落实到户。三是严守政策底线。严守建房面积红线，统一规范户型，锁定人均不超过 25 平方米的建房面积。全省统一按照 50、

75、100、125 平方米 4 种户型进行建设,户型精准对应到户到人。严禁搬迁户举债建房,搬迁户在未验收销号前,不得扩建。同时,加强督导检查,对发现的各类超标准建设情况立行立改。

（三）创新投融资模式,资金保障有力

湖北省切实履行"省负总责",迅速搭建省级平台,落实县级实施主体。全国易地扶贫搬迁工作电视电话会议之后,湖北省长江产业投资集团有限公司迅速组建了省扶贫开发投资有限公司,各县（市、区）也都按要求确定了实施主体,并与省级平台建立了紧密的工作沟通对接渠道。省政府授权省财政厅与省扶贫开发投资有限公司签订了《湖北省政府购买易地扶贫搬迁贷款服务协议》,省政府授权省发改委、省扶贫办与省扶贫开发投资有限公司签订了政府购买易地扶贫搬迁基金服务协议,出台了《湖北省易地扶贫搬迁资金管理办法（试行）》,搭建了省域内城乡建设用地增减挂钩指标交易平台,出台了交易管理办法。湖北省易地扶贫搬迁工作领导小组办公室在综合各方意见的基础上,出台了全省易地扶贫搬迁专项贷款管理办法,为各地合规使用贷款资金创造了条件。

（四）聚焦精准脱贫,注重后续帮扶

湖北省把"搬迁是手段、脱贫是目的"理念贯穿工作始终,聚焦精准脱贫,初步探索出了富有荆楚特色的易地扶贫搬迁脱贫模式。一是藤上结瓜。强化产业扶贫理念,使搬迁户在产业链上增收。蕲春县引进艾师傅科技有限公司,为每个安置点配建 300—2000 亩蕲艾基地,落实到搬迁户,每户年增加收入超过 3000 元。二是入股分红。向搬迁户和带动搬迁户脱贫的市场主体提供贷款,创新贫困户以个人贷款入股市场主体参与分红的扶贫模式。红安县为每户办理贷款 5 万元,市场主体提供担保,贫困户与市场主体签订协议,贷款资金拨付到市场主体,约定按 8% 比例保底分红。市场主体自签订协议之日起,每年给贫困户分红 4000 元。三是资产收益。在不改变用途的前提下,整合资金投入光伏发电、旅游开发、城镇商铺、工业园区标准化厂房等,形成的资产收益量化分配到户。随州市在全市 126 个集中安置点统一配建 100—300KW 光伏电站，发电收入打入搬迁户"一卡通"，户均年收入超过 4000 元。四是转移就业。在汪洋副总理的亲切关怀下，2016 年 4 月 20 日，湖北省与广东省启动了贫困人口劳务输出对接试点工作。截至目前，郧西县与广州、深圳等地举办了 4 场劳务对接招聘会，促成 256 户贫困户签订劳务协议。据估算，湖北省目前计划通过培育产业，将有 11.53 万人受益，开展就业技能培训 4.32 万人，劳务输出 7.72 万人，在本地落实就业岗位 2.91 万个。

（五）加强督导考核，确保项目实施

一是建立了常态的现场拉练机制，一季度开一次全省现场工作推进会，已在蕲春、竹溪和建始分别召开，取得了良好效果。二是建立了高效的督办通报机制，实行工程进度"月报制"、省直和市县推进工作"双通报制"，通报结果直接呈送省领导和地方党政主要负责同志，目前已印发通报 19 期；省级督导检查实行县市全覆盖、不间断。全省各地都建立了"日报告"制度，每天的建设进度都通过微信平台，实现共享，有图片、有数据，一览尽知，问题在第一时间得到解决。三是建立了责任追究制度，实行预警通知、约谈提醒、诫勉谈话直至启动问责程序，2016 年 11 月对工程进度相对较慢 8 个市县下达了专门督办通知。四是建立了先进经验宣传推广机制，将各地在推进易地扶贫搬迁工作中所取得的先进经验通过简报、网络等方式面向全省进行推广，并将其中有代表性的典型经验上报国家发展改革委，湖北省蕲春、竹溪的先进经验获得国家发展改革委认可并向全国推广。

回顾这一年来的工作，湖北省在易地扶贫搬迁工作中取得了一些成绩，2016 年 8 月，在全国现场会上，湖北省作经验交流发言。十堰"六个坚持"搬迁模式等得到了中央领导同志和国务院扶贫开发领导小组的批示肯定。2016 年 10 月，湖北省部分市县在国家 2016 扶贫日减贫与发展论坛上作经验交流。此外，新闻联播、人民日报、新华网等多家中央媒体多次宣传报道湖北省易地扶贫搬迁工作。这些成绩的取得，离不开上级领导特别是国家发展改革委等部门的悉心指导和帮助。

二、2017 年工作打算

2017 年是湖北省易地扶贫搬迁工作的攻坚之年,认真谋划好、组织好明年工作,对于湖北省"十三五"易地扶贫搬迁乃至整个脱贫攻坚具有重要意义,为此,我们将继续认真贯彻落实党中央、国务院的决策部署,严守政策标准,创新工作机制,重点抓好以下工作:一是科学制定 2017 年搬迁计划。综合各种因素,2017 年湖北省将进一步加大搬迁力度,计划实施易地扶贫搬迁建档立卡人口约 15 万户 41 万人,努力打造湖北省易地扶贫搬迁工作品牌,争取全国现场会在湖北省召开。二是进一步优化搬迁安置方式。结合 2016 年项目实施情况和国家有关精神要求,研究出台湖北省优化集中安置方式的指导意见,进一步提高全省集中安置比例,力争达到 75% 以上,其中靠近城镇、工业园区、旅游景区的不低于 20 万人。三是进一步探索创新脱贫模式。2017 年将进一步强化脱贫导向(规划聚焦脱贫、选点聚焦脱贫、安置方式聚焦脱贫、建设过程中谋划脱贫),同时,积极探索和总结各地在落实"搬迁是手段、脱贫是目的"理念中的好经验、好做法,通过观摩会、访谈会等形式,在全省范围内复制和推广。四是进一步强化问责和监管手段。在 2016 年各类有力有效督导手段的基础上,引入大数据平台,建立全面、科学、系统、实用的大数据平台,实现全覆盖、不间断、可视化的实时监管,助力易地扶贫搬迁。主要包括信息采集、信息发布、信息利用、辅助决策等一体化功能。目前已进入初设编制和争取经费阶段,力争 2017 年 6 月底前完成大数据平台建设工作。五是进一步指导土地复垦和增减挂钩指标交易。2017 年将重点做好建新拆旧、土地复垦和增减挂钩指标交易等工作,为易地扶贫搬迁还款提供来源,保障新时期国家易地扶贫搬迁投融资创新的闭合运行。

湖南省 2016 年易地扶贫搬迁工作进展和 2017 年工作打算

2015 年 12 月全国易地扶贫搬迁工作电视电话会议召开以后,湖南省按照会议精神,积极谋划、精心组织、全力推进,易地扶贫搬迁工作实现良好开局。"十三五"时期湖南省规划搬迁建档立卡贫困人口 80 万人,总投资 480 亿元,107 个县(市、区)有搬迁任务。2016 年计划搬迁 44741 户 16 万人,总投资 96 亿元,95 个县(市、区)有搬迁任务。

一、2016 年易地扶贫搬迁工作总结

(一)加强组织领导,落实工作责任

易地扶贫搬迁是重大政治任务,是全省"十三五"时期的重大民生工程,省委、省政府高度重视,多次召开省委常委会议、省政府常务会议专题研究。省长 3 次主持召开扶贫开发领导小组会议作出部署安排。省政府建立易地扶贫搬迁联席会议制度,常务副省长和分管副省长担任召集人,24 个省直部门为成员单位,在省发改委设立联席会议办公室,加强工作统筹协调。同时,8 次召开高规格会议部署推进;省发改委作为易地搬迁工作的牵头部门,委主要领导亲自组织,统筹推动。抽调人员组建专班,逐日倒排工作计划,确保各项

工作加快推进。同时,按照"谁主管谁负责"的原则进一步明确省直部门工作职责,形成联席办统筹协调、各部门分工负责,你中有我、我中有你的责任体系;充分发挥市(州)的组织协调作用,进一步压实县长责任制,明确由县(市、区)政府对目标任务完成、实施方案审批、难点问题协调、项目资金安全等全方位负总责,全省建立了省负总责、市州组织、县抓落实、合力攻坚的责任体系。

(二)制定规划政策,做好顶层设计

一是编报"十三五"规划及 2016 年度计划。按照国家要求,在核实搬迁对象和规模的基础上,组织编制了全省易地扶贫搬迁"十三五"规划及 2016 年度计划,对全省"十三五"易地扶贫搬迁目标、建设任务、安置方式、资金筹措、后续扶持等作出了全面安排。二是建立"1+5"政策体系。省发改委会同有关部门出台了《湖南省"十三五"易地扶贫搬迁实施意见》,并协调省直有关部门出台了建档立卡贫困户易地扶贫搬迁对象确认办法、易地搬迁项目资金管理办法、土地支持政策、集中安置区建设技术导引及易地搬迁利民金融服务专项行动方案。"1+5"的政策体系为易地扶贫搬迁的顺利推进提供了有力保障。三是及时完善相关政策。针对工作中发现的新情况、新问题,及时出台配套政策,提出解决措施。针对基层普遍反映建设税费较多的问题,省联席办报请省政府下发了《湖南省人民政府办公厅关于支持易地扶贫搬迁项目有关政策的通知》(湘政办函〔2016〕61 号),协调省财政厅出台了税费减免实施细则,大大降低了项目建设成本。国家发展改革委将湖南省的做法在全国进行了推广。同时,根据全国现场会精神和省领导指示,省联席办积极协调,会同省直部门补充制定了有关政策,主要包括"十三五"时期同步搬迁和旧房拆除补助政策、易地搬迁项目行政审批简易程序、易地搬迁特殊土地支持政策、易地搬迁项目建设质量安全管理办法、易地搬迁林地使用支持政策等,及时解决了基层项目实施过程中的困难和问题,有效加快了项目建设进度。四是加强政策宣传。为确保政策准确地传达到基层和搬迁群众,常务副省长和分管副省长亲自带领发改、扶贫、财政、国土、住建等相关部门负责人,赴 14 个市州开展工作检查和政策宣讲，并分四个片区召开座谈会，集中宣讲政策和解惑答疑。召开全省易地扶贫搬迁联席会议召集人政策培训会议，省发改、国土、扶贫、财政、住建等部门分别召开了本系统专题培训会议。同时，分两期编印了数万册政策汇编手册，下发市（州）、县（市、区）和乡镇、村。在省发改委门户网站上开辟了宣传专栏。以问答形式统编了政策解答，协调湖南卫视、湖南经视、红网、湖南日报等各大媒体和市（州）媒体进行滚动宣传。

（三）完善工作机制，确保完成年度任务

一是理顺资金对接使用机制。制定项目资金管理办法，明确资金筹措、使用、偿还、监管等各项规定，并对地方政府债务资金、国家专项建设基金、长期政策性贷款分别制定了业务流程及操作流程图，为易地搬迁资金安全、高效运转提供了保障。同时，针对资金对接使用中的突出问题，省联席办召开专题会议，会同省财政厅、省扶贫办、省级投融资主体公司、国开行湖南省分行及农发行湖南省分行研究提出工作措施，及时解决资金梗阻。为加快资金使用投放到项目，保障项目顺利推进，省联席办组织全省 14 个市（州）107 个县（市、区）分管县（市、区）长、联席办主任、县级项目实施主体负责人共计三百余人，召开了全省易地扶贫搬迁资金使用政策培训会议，对资金政策、管理办法、操作流程等进行了系统讲解，有效提高了资金运行效率。二是建立调度通报机制。根据省领导"强化检查督导"的指示精神，建立了项目建设"一月一调度"和"一月一通报"调度通报机制，对建设进度滞后和存在问题的市（州）、县（市、区）专门下发整改通知并在全省进行通报。三是建立专项督查机制。省委书记、常务副省长、分管副省长以身作则，亲自深入基层开展实地督查。省联席办组织扶贫、财政、国土、住建等相关部门，分组赴全省 14 个市（州）40 多个县（市、区）开展项目开工及实施方案整改专项督查。2016 年 11 月中旬，又组织督查小组赴项目建设进度滞后的市（州）进行了重点督查。了解项目建设过程中的困难和问题，及时向当地政府提出了整改要求。同时，配合国家发展改革委将衡阳市常宁西岭安置点、益阳市安化县滔溪镇新联村集中安置点和永州市新田县金陵镇鸡公嘴安置点确定为易地搬迁定点监测项目，按要求认真开展了监测调研工作。四是建立常年巡查机制。省政府专项安排500万元工作经费,采用政府购买服务方式,委托有资质的中介机构,对全省所有易地搬迁项目实施进展、资金使用、搬迁对象脱贫发展等情况,按季度开展常年巡查。五是建立年度考核机制。制定《湖南省2016年易地扶贫搬迁工作成效考核方案》。在县级自评和市州自评的基础上,组织扶贫、财政、国土、住建等省直有关部门及专家,赴14个市(州)95个县(市、区),对搬迁对象识别、住房建设及安置、住房建设资金补助、脱贫措施落实、工程质量安全及日常管理等情况,开展实地考核评分。考核结果报告省政府后在全省通报,并纳入市(州)、县(市、区)党委、政府脱贫攻坚工作考核范围及市(州)、县(市、区)绩效考核范围。

(四)创新工作方法,全力推进项目建设

一是编制项目实施方案。将项目实施方案作为项目实施的重要依据和前提条件。组织各市(州)、县(市、区)将分散安置项目以县为单位打捆编制一个实施方案,集中安置项目以安置点为单元编制方案。实施方案由县审批、市州审核、省审查。省联席办针对审查发现的问题,下发通知组织整改,项目同步开工建设。二是简化审批程序。易地搬迁项目以审批实施方案代替立项审批,将审批权限下放至县(市、区),审批不设前置条件,项目的规划、用地(不含基本农田)、环评等可与实施方案审批同步办理。建立易地搬迁项目行政审批绿色通道,将串联审批调整为并联审批,在10个工作日内完成审批。三是分类制定工作流程。按照统规统建、统规自建、分散自建、购房安置等4种建设模式制定工作流程。每类工作流程明确了前期工作、计划确定、项目建设、后续工作的内容、程序和责任主体。同时,对集中安置项目,严格落实招投标制、合同制、工程监理制,按照《湖南省易地扶贫搬迁集中安置区建设技术导引》要求,确保项目质量和施工安全。对分散自建项目,由各市(州)组织县(市、区)因地制宜制定实施细则,明确补助标准、申领程序、组织建设、旧房拆除等工作规范,确保项目建设质量。四是利用信息技术实现项目监控全覆盖。为实现对易地扶贫搬迁项目精准管理,开发建设了"互联网+湖南省易地扶贫搬迁信息管理系统"。该系统具有信息发布、项目建设情况收集、数据综合分析、工程形象进度影像监控、搬迁对象综合管理等功能。信息管理系统对分散安置项目监控到户，对集中安置项目监控到点，可以实现对易地扶贫搬迁项目动态、全程、全覆盖管理，最大限度提高管理效率。五是编制下达全省2017年度预安排计划。为及早启动2017年易地扶贫搬迁工作，在组织各县（市、区）申报计划的基础上，经报请省政府同意，省发展改革委会同省扶贫办、省财政厅编制下发了湖南省2017年易地扶贫搬迁任务预安排计划。2017年计划实施搬迁规模33.3万人，总投资199亿元，占"十三五"总规模的40%。

（五）聚焦后续产业发展，确保实现稳定脱贫

为增强易地搬迁群众后续发展能力，确保实现精准扶贫、稳定脱贫，省发改委从2017年度湘西地区开发产业发展专项中安排资金，设立"湘西地区易地扶贫搬迁后续产业及就业扶持专项"，对由龙头企业、农民合作社、专业大户等新型经营主体建设，建档立卡搬迁户参与度高的特色农林产业基地按一定标准给予投资补助支持，以形成龙头带基地、基地联农户的模式，努力增加搬迁贫困人口收入。同时，为促进依托小城镇、工业园区、旅游景区、乡村旅游区安置的建档立卡搬迁人口就业，对吸纳建档立卡搬迁人口就业的企业按一定标准予以奖补支持，以鼓励企业优先吸纳建档立卡搬迁人口就业，引导搬迁贫困人口向旅游服务业、商贸流通业、交通运输业、工业企业等二、三产业转移。

二、2017年工作打算

（一）完成2017年度搬迁建设任务

组织各市（州）、县（市、区）按照湖南省下达的2017年易地扶贫搬迁任务计划，抓紧开展搬迁对象确定、安置区选址、安置土地落实等前期工作，尽快编

制并审批项目实施方案,争取春节前完成所有前期工作,项目达到开工建设条件。同时,明确关键时间节点,督促各市(州)、县(市、区)在保证质量安全、符合规范要求的前提下,加快推进项目建设,及时协调解决项目推进中的困难和问题。对于工作不力的市(州)、县(市、区),通过通报、约谈等方式加大督促力度,确保圆满完成国家下达的 2017 年度搬迁建设任务。

(二)开展常年巡查

委托有资质的中介机构,组织专家对全省易地搬迁项目按季度开展常年巡查。准确掌握基层工作的真实情况,发现项目建设中的主要问题,及时组织整改,为全省易地扶贫搬迁工作的顺利推进提供保障。

(三)制定后续产业发展扶持政策

牢牢把握"搬迁是手段、脱贫是目的"的根本要求,安排下达 2017 年度湘西地区易地扶贫搬迁后续产业及就业扶持专项资金的同时,研究制定易地扶贫搬迁后续产业扶持政策。通过统筹整合财政专项扶贫资金和相关涉农资金,支持发展特色农林业、劳务经济、现代服务业等,探索资产收益扶贫等方式,坚持"挪穷窝"与"换穷业"并举、安居与乐业并重、搬迁与脱贫同步,确保"搬得出、稳得住、有事做、能致富"。

(四)总结推介先进典型

在 2016 年度的易地扶贫搬迁项目中,按照不同的安置方式选择具有典型代表性的项目,总结经验做法以简报等形式在全省进行推广,提高整体工作水平。

广西壮族自治区 2016 年易地扶贫搬迁工作进展和 2017 年工作打算

2016 年是实施《广西易地扶贫搬迁"十三五"规划》的开局之年。一年来,在党中央、国务院和自治区党委、政府的正确领导下,在国家发展改革委等有关部门的精心指导和大力支持下,经过各级各有关部门的不懈努力,广西壮族自治区易地扶贫搬迁工作稳步推进,取得了良好的开局,为打赢脱贫攻坚战奠定了基础。2016 年 8 月 22 日至 23 日,在全国易地扶贫搬迁(贵州)现场会上,自治区副主席代表广西壮族自治区在大会上作交流发言,介绍广西易地扶贫搬迁工作取得的经验做法;中央电视台、人民日报等媒体先后对广西壮族自治区易地扶贫搬迁工作进行报道。

一、2016 年全区易地扶贫搬迁工作推进情况

(一)主要工作进展

按照国务院扶贫办下达的易地扶贫搬迁人口规模,"十三五"时期,广西壮族自治区搬迁建档立卡贫困人口 100 万人,其中 2016 年搬迁 30 万人,2017 年搬迁 40 万人,2018 年搬迁 30 万人,2019 年、2020 年进行搬迁扫尾、巩固工作。制定出台了《脱贫攻坚移民搬迁实施方案》《资金筹措使用方案》等相关

政策措施,印发了《广西易地扶贫搬迁"十三五"规划》,2016 年计划已落实到户到人;2017 年实施计划也于 2016 年 10 月提前下达;落实中央和自治区补助资金共 23.2 亿元,其中:中央预算内投资 16.8 亿元,扶贫发展资金 4 亿元,自治区本级财政扶贫资金 2.4 亿元;长期贴息贷款 105.46 亿元、地方政府债券 30 亿元、国家专项建设基金 15 亿元。

(二)主要工作做法

1.强化工作推进机制。自治区与市党政分管领导、县级党政主要领导亲自抓,发展改革部门负责统筹协调、组织推进,整合自治区水库移民部门行使易地扶贫搬迁工作职能,其他相关部门合力统筹推进,形成三级联动、部门配合的齐抓共管格局。同时,建立督查和考核制度,推动县为主体抓好落实。细致筹谋搬迁计划。组织扶贫工作队、"第一书记"进村入户宣传发动,开展多次摸底动员,组织完成勾选 100 万建档立卡搬迁对象到户到人工作。同时,允许各地根据实际需要对年度计划落实到户到人作适当调整,确保计划可行。

2.合理确定筹资方案。一是按照政府出大头、农户出小头原则,采取省级"统贷统还、谁贷谁还、谁用谁还"模式,组建省级投融资主体——广西农投集团,根据政府购买服务协议进行融资,向项目县项目实施主体转借资金,定期归集偿债资金,签订六方协议、出台专项融资资金管理办法,规范融资资金"借、用、还"机制。二是加大住房补助标准。对搬迁农户实行区域和县域差异化住房补助标准。根据贫困程度对全区分一、二、三类地区,建档立卡贫困人口人均住房基准补助标准分别不低于 2.4 万元、2.1 万元、1.9 万元。同时,在不低于基准补助标准下给各县留下弹性空间,可自主确定基准补助标准,将搬迁对象按一般贫困、中等贫困、特别贫困、极度贫困四种情形自主进行分档补助。鼓励搬迁农户旧房拆除、宅基地复垦,政府筹措资金给予每户 2 万元旧房拆除补偿。三是搬迁农户合理承担。允许搬迁农户拥有完全房屋产权进行权属登记,但在取得房屋所有权 10 年内不得转让。搬迁农户在合理承受范围内自筹资金,可通过利用自有资金、向亲友预借资金、政府贴息贷款等进行筹措,确实无力自筹的可免除其自筹承担。

3.建立分类安置方式。一是因人制宜,分类搬迁。对有劳动力且有转变就业方向或创业意愿的贫困户，引导其选择进县城、进园区、进集镇安置；有长期立足农村发展意愿、没有离乡意愿、劳动力相对较弱的贫困户，引导其选择进中心村或就近安置。二是因地制宜，梯度安置。将群众由"搬得出"向注重"稳得住、能致富"转变，依托县城、产业园、重点镇、旅游景区、中心村实施梯度安置，满足不同搬迁对象需求。三是因户制宜，划定红线。按照"保障基本"原则，划定人均住房建设面积不超过 25 平方米、户均宅基地占地面积不超过 80 平方米的政策红线。

4.及时出台政策措施。印发实施《脱贫攻坚移民搬迁实施方案》《"十三五"时期广西易地扶贫搬迁项目建设资金筹措使用方案》和《自治区国土资源厅关于运用国土资源政策全力支持脱贫攻坚工作的通知》等一系列文件，明确了移民搬迁政策措施，在项目扶持、资金筹措、建设用地等方面全力推进易地扶贫搬迁工作。还针对基层反映和调研督查发现的突出问题，出台《广西易地扶贫搬迁工作若干问题解答（一）》《广西易地扶贫搬迁工作若干问题解答（二）》，从项目选址、住房建设、资金承接、检查验收、后续发展等 36 个方面，解决各地实际操作中的具体问题，为基层工作提供遵循。

5.广泛开展政策宣传。2015 年 12 月以来，自治区共组织举办 5 次全区性易地扶贫搬迁业务培训班，重点解读了国家和自治区易地扶贫搬迁最新政策、资金筹措和使用、县级项目实施主体（即项目公司）组建及运作等内容。各地也结合自身情况举办业务培训班，将政策措施作了传达和解读。出台《关于加强易地扶贫搬迁有关公开公示工作的通知》，对易地扶贫搬迁政策、项目和资金进行公开公示，宣传政策，接受移民群众和社会各界的监督。采取新闻媒体、宣传展板、深入村屯宣传等方式，开展政策宣传活动，将政策措施宣传到群众中去，做到家喻户晓。

6.加大督促检查力度。2016 年，广西壮族自治区先后 3 次召开全区易地扶贫搬迁推进会或现场会，特别是 2016 年 10 月在都安县召开了全区易地扶贫搬迁暨村屯道路建设现场推进会，掀起了全区易地扶贫搬迁工作新高潮。同时，先后 4 次组织调研督查活动，深入 12 个市 79 个县（市、区）进行专项调研和督查活动，全面了解各地工程进展情况，协调解决工作中遇到的困难和问题,督促各地加快项目建设步伐。每月开展一次督查进度通报,对进度快和进度慢的市、县,进行红、黑榜通报制度,对综合排名后 10 位达 3 次以上的市县进行通报和问责,有力地推动了易地扶贫搬迁工作进程。

二、2017 年易地扶贫搬迁工作打算

(一)目标任务

2017 年全区易地扶贫搬迁工作的主要任务是,全区计划搬迁规模 12.93 万户 52.4 万人(其中建档立卡贫困户 11.92 万户 48.4 万人,同步搬迁 1.01 万户 4 万人),搬迁对象涉及全区 13 个市 76 个县(市、区),年度计划脱贫建档立卡贫困对象 20 万人。

(二)重点工作

一是精准确定易地扶贫搬迁对象。项目县(市、区)人民政府要组织工作力量,进村入户调查,精准识别、精准造册、精准确定年度易地扶贫搬迁对象。易地扶贫搬迁的重点对象是居住在深山、石山、高寒、荒漠化、地方病多发等生存环境差、不具备基本发展条件,以及生态环境脆弱、限制或禁止开发地区的农村建档立卡贫困人口和经过精准识别需要同步搬迁的其他农户,优先安排位于地震活跃地带及受泥石流、滑坡等地质灾害威胁的建档立卡贫困人口。确需与建档立卡贫困对象同步搬迁的其他农户,由各县(市、区)按不超过本地年度搬迁规模 10% 的比例确定。二是以规划引领科学有序搬迁。各地要充分发挥规划的引领作用,编制规划或实施方案时,要将搬迁任务明确到村到屯到户到安置点,绘制移民搬迁"红线图",明确年度搬迁任务、安置方式、建设任务、后续发展和管理、政策保障措施等。要科学规划和确定移民安置点,安置点选址必须符合土地利用总体规划和城乡建设规划,避开地质灾害隐患点,优先选用存量建设用地,尽量不占耕地或少占耕地,尤其是不得占用基本

农田；尽量依托现有基础设施，统筹规划建设安置点生产生活配套设施。安置点规划和住宅户型图样设计要结合当地特色和民族文化特点，在充分征求群众意见的基础上，统一规划、统一设计、统一风格、统一建设。三是完善政策措施强推项目建设。进一步完善易地扶贫搬迁新旧政策衔接办法、移民后续发展扶持政策、项目建设税费减免政策等政策措施，全面推动易地扶贫搬迁工作深入开展。认真落实用地政策，各地易地扶贫搬迁项目建设用地，全面纳入土地利用总体规划。在保障安置区住宅用地的基础上，对为安置区配套的道路、给排水、供电、通信等基础设施和扶贫产业项目建设用地指标全面保障。强化征地拆迁工作，落实征地补偿政策，正确处理征地工作的困难和问题，保障移民安置用地需要。四是强化项目实施和资金使用管理。优化项目审批程序，完善项目进度推进机制，对按时完成项目建设任务的市县，设置奖励机制办法。完善项目建设质量管理措施办法，创建百年质量标准工程，严格执行质量管理责任终身制。提前谋划资金筹措方案，使项目资金尽快落实到位。完善资金整合机制，充分利用各部门资金投入易地扶贫搬迁。加强资金监管，发挥稽察审计监督作用，确保资金安全运行。五是精心谋划移民脱贫产业发展。搬迁是手段，脱贫是目的。切实把脱贫目标放在首位，着重研究移民后续发展扶持政策。对有土地安置的搬迁移民，支持个人或集体的土地承包经营权、林权、宅基地使用权直接流转或折股量化到户，就地发展产业或物业经济；对集中无土地安置的搬迁移民，健全移民安置点商业网点和综合服务网点，将安置点商铺、厂房、停车场等营利性物业产权量化到搬迁户，推行物业合作社，指导移民经营，增加移民财产性收入。加强移民致富技能和就业技能培训，有计划地组织移民进工厂企业就业和劳务输出，增加移民工资性收入。广泛发动社会力量，吸引更多的社会资本参与移民产业发展。六是健全移民搬迁社会保障机制。搬迁移民的新型农村合作医疗保险、城镇居民医疗保险、养老保险、计划生育等实行属地管理。支持有条件的项目县探索建立失业金使用机制，盘活和运作失业金用于贴息贷款，提高失业补助标准。对建档立卡贫困移民子女全面落实教育资助政策，确保搬迁移民子女应助尽助。符合"五保"、低保、医疗救助、临时救助条件的搬迁对象，纳入社会救助范围，应保尽保。

重庆市 2016 年易地扶贫
搬迁工作进展和 2017 年工作打算

一、2016 年易地扶贫搬迁工作进展情况

在国家发展改革委的大力支持下，在重庆市委、市政府的统一领导下，经过各级各部门和广大干部群众的共同努力，2016 年重庆市易地扶贫搬迁工作进展顺利，提前 1 个月全面完成年度目标务。全年预计完成搬迁安置 10.89 万人（其中建档立卡贫困人口 8.89 人），建档立卡贫困人口搬迁任务完成年度目标 8 万人的 111%；落实资金 88.1 亿元，其中市级以上补助资金 9.6 亿元、地方政府债券 24.4 亿元、专项建设基金 12.3 亿元、长期贷款 41.8 亿元。主要开展了以下工作：

（一）建立三大机制，确保易地扶贫搬迁顺利启动

一是建立组织领导机制。市委、市政府将易地扶贫搬迁作为全市重点民生实事之首，举全市之力予以强力推进，并将其纳入市委、市政府对区县经济社会发展实绩考核内容。进一步完善工作推进机制，建立了在市扶贫开发领导小组的统一领导下，市发展改革委、市农委双牵头，市财政局、市扶贫办、国开行重庆市分行、农发行重庆市分行等市级部门和单位共同推进的市级统筹协调机制。各有关区县均成立了区县领导牵头的易地扶贫搬迁工作组织机

构,有力保障了易地扶贫搬迁工程的顺利实施。

二是建立政策引导机制。全面落实国家"十三五"时期易地扶贫搬迁工作方案,结合重庆市实际,推动市政府制定印发了《重庆市"十三五"易地扶贫搬迁实施方案》(渝府办〔2016〕3号),将搬迁对象精准锁定农村建档立卡贫困人口,明确"十三五"时期实施25万建档立卡贫困人口搬迁的底线任务。组织编制完成了《重庆市"十三五"易地扶贫搬迁规划》和区县"十三五"易地扶贫搬迁规划,建立了易地扶贫搬迁项目库,对搬迁任务进一步细化到乡到村到户到人。制定落实配置政策,从用地、扶贫资金、农发资金等方面对易地扶贫搬迁及后续发展给予优先支持。

三是建立融资运作机制。实行政府购买服务、市级融资平台"统承统贷统还"的融资运作模式,确定了由兴农资产公司作为全市易地扶贫搬迁融资平台。落实"省负总责"要求,按照市政府要求由市财政局、市扶贫办、市农委、市发展改革委共同向兴农资产公司购买易地扶贫搬迁融资项目服务。研究制定了《重庆市"十三五"易地扶贫搬迁融资资金使用管理暂行办法》,明确各类资金使用流程和管理规定。

（二）把握三大环节,确保易地扶贫搬迁取得实效

一是"人"。确定搬迁总规模和年度搬迁任务,落实搬迁25万建档立卡贫困人口总任务,按照全市脱贫攻坚"2017年完成脱贫攻坚任务,2018年打扫战场"要求,确定年度搬迁任务并落实到区县。确定搬迁人口安置布局,根据搬迁总规模和年度规模,选择好安置方式和安置点,做好安置布局规划。统筹协调好非贫困人口搬迁,原则上按既有政策标准执行,统筹协调好各方利益,不作大调整。

二是"钱"。统筹安排好各类资金,包括中央预算内投资、市级差异化补助资金、专项建设基金、地方政府债券、政策性贷款,以及各类后期扶持的资金,加快项目实施。按照"钱随人走"的原则使用资金,在确定的搬迁总规模范围内,根据搬迁任务,可提前调度相关融资资金,用钱额度与搬迁人数规模一致。严格资金使用方向,重点用于安置住房和配套设施建设,其中建房补助

标准按照 8000 元/人底线要求执行。用好地票政策,确保还款有来源,支持建档立卡贫困户搬迁宅基地优先复垦优先上市交易。为指导区县用好融资资金,市发展改革委下发《关于进一步加强融资资金使用的通知》(渝发改地〔2016〕1453 号),要求区县优先将融资资金用于支持建档立卡贫困人口住房建设和安置区配套基础设施、公共服务设施建设,在搬迁任务完成后,使用融资资金支持建档立卡贫困人口后续发展。

三是"房"。严格标准要求,严格落实建档立卡贫困户住房建设人均不超过 25 平方米规定。全国易地扶贫搬迁(贵州)现场会后,市发展改革委会同市农委下发《关于做好高山生态扶贫搬迁工作有关问题整改的通知》,要求区县严格执行建档立卡贫困人口建房面积规定,绝不能"垒大户""造盆景"。对已建成的超标准住房,要采取入股专业合作社等方式切实加以整改。科学规划建设,外观和功能要达到要求,使安置点成为美丽乡村的重要组成部分。考虑长远发展需求,从规划和设计上留有发展空间,充分考虑贫困户脱贫后的发展需要。

(三)采取三种方法,确保易地扶贫搬迁有序推进

一是统筹协调。按照"搬迁不是目的、脱贫是最终目标"的要求,以规划和年度计划为载体,统筹协调好搬迁工作的各方要素,包括人的总规模、分年度任务、分区域布局、配套公共服务、基础设施、劳动就业等。

二是整合资源。按照"统一规划、集中使用、渠道不乱、用途不变、各负其责"的原则,整合财政专项扶贫、以工代赈、生态补偿等资金,加大投入,并将易地扶贫搬迁与美丽乡村、农民新村、现代农业示范区等建设相结合,打捆农林、水利、交通、教育、卫生等各项农村建设资金,统一调度用于安置区配套基础设施建设。全年建设安置区内道路 1519.4 公里,饮水管网 5477.8 公里,电网 1716.6 公里,垃圾污水处理设施 709 处,农村公路 2525 公里,生产作业便道 5636 公里,整治基本农田 3.59 万亩,新增灌溉面积 1.51 万亩,实施生态修复 2.34 万亩,安置区域生产生活条件得到较大改善。

三是从长计议。将后续发展贯穿于搬迁工作始终,做到与搬迁同步规划、

同步推进,考虑搬迁时,也考虑产业发展等问题,为搬迁人口就业增收、安稳致富提供条件,确保贫困农户"搬得出、稳得住、有事做、能致富"。就近落实菜园地1.52万亩,建成特色种植基地16.9万亩,发展养殖场（养殖小区）等17.46万平方米,开展技能培训6.67万人次等。

二、2017年易地扶贫搬迁工作打算

2017年,是重庆市打赢脱贫攻坚战的决胜之年,要进一步发挥易地扶贫搬迁对全市脱贫攻坚的关键作用,采取强有力措施,继续做好易地扶贫搬迁各项工作。

（一）分解落实年度搬迁任务

在全面摸清区县需求的基础上,制定印发2017年易地扶贫搬迁指导性计划,锁定2017年搬迁12万建档立卡贫困人口的底线目标任务,并分解落实到相关区县,指导区县及早启动2017年易地扶贫搬迁工作,为确保完成年度任务打好提前量。

（二）加强资金筹措

2017年拟争取中央预算内投资9.6亿元,落实市财政配套资金2.4亿元;力争落实政策性贷款30亿元,贷款总规模达到70亿元左右;继续使用好2016年到位的地方政府债券、专项建设基金、政策性贷款等资金,确保搬迁资金有保障。

（三）强化资金使用

按照国家相关要求,指导区县将融资资金用于易地扶贫搬迁建档立卡贫困人口住房建设和安置区配套设施建设,在相关搬迁任务完成后,指导区县将融资资金用于支持易地扶贫搬迁建档立卡贫困人口后续发展,充分发挥融资

资金效益。

（四）注重后续扶持

落实"搬迁是手段，脱贫是目的"要求，切实加强对易地扶贫搬迁建档立卡贫困人口的后续扶持，宜农则农，宜工则工，对易地扶贫搬迁农户发展特色农业、乡村旅游的给予特色产业资金补助，组织开展劳动技能培训，帮助提高就业技能，对搬迁户子女入学给予补助，对搬迁残疾人、重症病人等采取社会兜底等方式，确保易地扶贫搬迁贫困人口不愁吃、不愁穿，住房安全、义务教育、基本医疗有保障，促进易地扶贫搬迁人口稳定脱贫。

（五）加强日常调度

会同市农委继续加强高山生态扶贫搬迁工作情况月调度，及时掌握区县工作进展情况。继续会同市级相关部门，采取日常检查、工作督查、抽查等方式方法，加强日常工作管理。继续将高山生态扶贫搬迁纳入市委、市政府对区县经济社会发展实绩考核范畴。

四川省 2016 年易地扶贫
搬迁工作进展和 2017 年工作打算

2016 年以来,四川省易地扶贫搬迁工作在省委、省政府的坚强领导下,把脱贫攻坚作为中心工作统筹谋划,坚持以易地扶贫搬迁为重点,牢牢把握"搬迁是手段,脱贫是目的"的根本要求,迎难而上、强力推进,省领导亲自带队蹲点督导,省级相关部门从政策制定、资金筹集等方面加大推动力度,各市(州)、项目县(市、区)昼夜兼程、攻坚奋战,全省易地扶贫搬迁工作呈现出全面推进、加快建设的良好态势,取得了显著成效。

一、2016 年工作成效

"十三五"期间,四川省易地扶贫搬迁任务是 116 万人,其中 2016 年国家下达的任务为 25 万人,涉及 21 个市(州)144 个项目县(市、区)。

一是引领规划编制,积极出台支持政策。按照国家发展改革委等五部门《关于印发"十三五"时期易地扶贫搬迁工作方案的通知》要求,四川省迅速启动了《四川省"十三五"易地扶贫搬迁规划》编制工作。省委、省政府领导高度重视此项工作,多次组织省级相关部门召开专题会议反复讨论《四川省"十三五"易地扶贫搬迁规划》有关内容,并多次征求相关市(州)、县(市、区)意见,对相关内容作了进一步修改和完善,2016 年 11 月印发了《四川省"十三五"易地扶贫搬迁规划》。同时,还编制并印发了《四川省"十三五"易地扶贫搬迁实施方案》,及时下达全省"十三五"易地扶贫搬迁规模、2016年及2017年搬迁计划,指导各项目县(市、区)编制县级"十三五"实施方案和2016年实施计划。研究出台了《四川省支持易地扶贫搬迁的有关政策》,从资金筹措、偿还及差异化补助,以及资金整合、土地使用、产业发展、就业创业、金融服务和教育、医疗、养老、社会救助等方面对易地扶贫搬迁提供政策支持。同时,为降低易地扶贫搬迁工程建设成本,四川省即将出台《关于支持易地扶贫搬迁项目有关税费优惠政策》。

二是强化通报稽察,压紧压实工作责任。四川省建立健全了易地扶贫搬迁考核督查通报机制。定期通报易地扶贫搬迁项目进展情况,对建设进度滞后的实行"一对一"督促检查。2016年8月5日,省政府办公厅印发《关于建立易地扶贫搬迁工作情况通报的通知》,8—12月连续重点对项目开工、资金到位等情况进行了通报。9月印发了《关于开展易地扶贫搬迁进展情况跟踪稽察的通知》后,每月派出稽察组,分赴巴中、广元、遂宁、凉山、甘孜及2016年脱贫摘帽的5个县等地对项目开工、投资完成、住房面积标准执行等情况开展跟踪稽察。同时积极配合做好国家发展改革委稽察组来四川省开展稽察工作。

三是精细操作实施,自查对标及时整改。四川省将易地扶贫搬迁纳入绩效考核,实行目标责任制管理,层层签订年度目标责任书。省委办公厅、省政府办公厅联合印发《关于进一步加快易地扶贫搬迁工作的通知》,从强化统筹推进、规范项目管理、协调资金落地、加强服务指导等各个环节提出了明确要求。四川省在全国率先出台《易地扶贫搬迁自查标准》,从搬迁对象、住房建设、项目建设、补助标准、资金使用、脱贫措施、组织保障、档案整理和政策培训9大方面,共20项指标,为各地提供可操作性标准,便于各地在工作中对标政策自查自纠,并指导各地对照标准,及时开展全面对标整改。

四是简化用款程序,加强资金使用管理。一是资金管理规范化。根据国家发展改革委《易地扶贫搬迁中央预算内投资管理办法》,细化出台了《四川省易地扶贫搬迁中央预算内投资管理办法》,加强了易地扶贫搬迁中央预算内投资管理,提高了资金使用效率,确保了中央预算内投资安全合规使用,同时研究制定了《四川省易地扶贫搬迁项目资金管理办法》,从政策制度层面对投融资主体承接的项目资本金和长期低息贷款资金进行规范化管理。二是资金使用便捷化。为优化用款程序,方便快捷使用资金,出台了《四川省易地扶贫搬迁项目资金使用规范》,明确各地在工程项目动工后,银行可预拨不高于项目投资总额30%的启动资金;简化项目手续,项目方只需提供用款申请和项目清单,即可拨付资金。同时,相关部门建立了完善的易地扶贫搬迁项目审批快速通道,为加快推进项目规划选址、用地预审、环评审批等前期工作,优化审批程序提供了优质服务。

五是加强政策指导,健全培训交流机制。研究印发了《关于建立全省易地扶贫搬迁工作常态化培训机制的通知》,同步下发了培训大纲、政策要点和培训授课PPT,按照省、市、县、乡(镇)分级分类开展易地扶贫搬迁常态化培训交流。2016年以来,省级累计培训交流2500余人次,组织市、县开展培训交流3万余人次。通过培训交流,加大新时期易地扶贫搬迁政策宣讲力度,强化政策指引和业务指导,提高了各地对政策的理解、把握能力,使各地准确掌握中央和四川省的相关政策,防止政策执行走样变形。

六是统筹整合资源,注重后续脱贫发展。在易地扶贫搬迁组织实施中,明确提出了促进搬迁人口脱贫的六条路径,通过统筹整合各类资源,加大对搬迁群众后续脱贫的支持力度。特别是实施搬迁后,脱贫攻坚的其他政策措施要继续惠及搬迁贫困户,切实做到"挪穷窝"与"换穷业"并举、安居与乐业并重、搬迁与脱贫同步。同时,各地出台了精确到"户"的脱贫发展措施,充分考虑搬迁群众创业就业、产业发展、技能培训等工作,确保搬迁一户,脱贫一户。

七是挖掘典型做法,总结提升推广经验。对巴中的经验进行总结、提炼,形成了"三不三搬三为主""实施'三统一转'激发'土地扶贫'政策潜力""聚焦贫困需求实施预算统揽""创新三大举措把好三大关口"4条比较成熟的经验做法,已发文在全省推广。

二、2017 年工作打算

按照"十三五"易地扶贫搬迁规划,综合考虑各市(州)项目前期准备情况和 2016 年项目建设进度,经省脱贫攻坚领导小组同意,提前下达了 2017 年易地扶贫搬迁分县搬迁计划,计划在 20 个市(州)133 个县(市、区)搬迁安置 33 万建档立卡贫困人口。同时抓紧研究出台了《关于切实做好 2017 年度易地扶贫搬迁工作的通知》,推动各地及早谋划 2017 年工作。在 2017 年工作中,我们将坚持问题导向,聚焦稳定脱贫,把握工作重点,进一步健全工作措施,完善常态化工作机制,督导各市(州)、项目县(市、区)切实提升工作实效,确保年度目标任务的圆满完成。

(一)组织实施两个规划

根据《四川省"十三五"易地扶贫搬迁规划》《四川省"十三五"脱贫攻坚规划》,结合年度搬迁任务,统筹考虑搬迁与发展,精心组织施工,统筹推进住房、基础设施、公共服务设施建设和后续脱贫发展等工作。

(二)切实抓好三项工作

一是抓好易地扶贫搬迁成效考核工作。认真组织开展考核工作,确保考核不走过场,不流于形式,经得起检验。二是抓好各地经验总结推广工作。进一步推广巴中脱贫攻坚的经验做法,对易地扶贫搬迁工作成效明显的南充、广元、广安等地好的经验、做法进行总结提炼,在全省加大政策宣传和经验交流推广力度。三是抓好脱贫攻坚重大工程包工作。以实施国家发展改革委确定的脱贫攻坚重大工程包为切入点和着力点,进一步加大对脱贫攻坚重点项目的统筹协调和督导调度力度,加快推进贫困地区重大基础设施和重大民生工程建设。

（三）健全完善五个机制

一是健全常态化压力传导机制。按照2017年度工作要求，健全完善易地扶贫搬迁工作通报制度，各地各级都要定期通报项目推进情况，对进度滞后的项目实行"一对一"督促检查，层层传导压力。二是健全常态化问题发现和整改机制。采取"省上抽查、市县分级稽察、项目全覆盖"的方式，开展跟踪稽察和对标整改，及时发现问题、研究问题、整改问题。三是健全常态化分级培训交流机制。提前制定2017年培训交流方案，加大对成功经验的总结提炼和典型事迹的宣传报道，扎实开展常态化培训交流工作。四是健全常态化资金保障机制。积极配合省级相关部门和省国农公司，加大资金保障力度，确保资金及时足额到位，督导各地统筹资金调度，规范资金使用，强化资金监管。五是健全易地扶贫搬迁对象动态管理机制。指导各地进一步加强易地扶贫搬迁对象动态管理工作，确保科学规范、有增有减、有进有出、动态管理。

贵州省 2016 年易地扶贫搬迁工作进展和 2017 年工作打算

2015 年 12 月 2 日贵州省打响易地扶贫搬迁"当头炮"以来,在省委、省政府的高度重视和坚强领导下,全省上下把易地扶贫搬迁作为脱贫攻坚的"头号工程"和重中之重来抓,精心组织、周密部署,聚焦脱贫目标和关键环节精准发力,不断加大力度、加快速度、加紧进度,实现了贵州省"十三五"时期易地扶贫搬迁的良好开局。2016 年 11 月 22—24 日,省委、省政府召开全省第三次项目建设暨易地扶贫搬迁现场观摩督查会,省委书记、省长作重要讲话,省委副书记主持,省委常委,省人大常委会、省政府、省政协有关领导同志出席会议。对易地扶贫搬迁工作进行了再安排、再部署,现各项工作正按会议要求有序推进。

一、2016 年工作推进情况

(一)扣准"一方水土养不起一方人",着力锁定搬迁对象

围绕"一方水土养不起一方人"的地方和 50 户以下、贫困发生率 50% 以上的自然村寨,界定了 5 条迁出地区域条件、5 条搬迁家庭个体条件、11 个识别登记程序,自下而上开展搬迁对象识别工作。按照搬迁区域精准、搬迁重点精准、搬迁对象精准、搬迁台账精准的要求,先后组织了三轮全面排查,共识别

出全省"十三五"搬迁对象 162.5 万人，其中建档立卡贫困人口 130 万人，自然村寨同步搬迁人口 32.5 万人，整体搬迁贫困村寨 7654 个。据此编制了贵州省"十三五"易地扶贫搬迁规划。2016 年搬迁 11 万户 45 万人，其中建档立卡贫困人口 34.6 万人，整体搬迁贫困自然村寨 3900 个，计划任务分两批已于 2016 年 1 月、5 月分别下达实施。

（二）优化安置方式，着力推进"三区安置"

以有利于就业和脱贫为导向，根据资源条件和环境承载能力，科学选择安置点和安置方式，坚持以城区、产业园区、旅游服务区安置为主，以集中安置为主。2016 年全省共建设安置点 465 个，安置人口县城占 31%、集镇占 40%、产业园区占 13%、旅游服务区占 5%、中心村占 11%；集中安置率 99.68%，分散安置占 0.32%。

（三）强化工程管理，着力实施"四个严控"

为确保贫困人口住好房、不负债，一是严控住房面积，经省指挥部督查，90.3% 的安置点均符合住房建设标准，超面积的安置点已全部整改。二是严控建设成本，城镇建房造价每平方米在 1500 元左右，中心村建房造价每平方米在 1200 元左右。三是严控工程质量，全面推进工程项目"四制"管理，时间服从质量。四是严控工程进度，按照"当年项目当年建成、当年入住"的要求倒排工期、加强调度。

（四）聚焦精准脱贫，着力落实就业措施

坚持以岗定搬、以产促迁，逐点逐户建立就业脱贫台账。城镇、产业园区和旅游服务区安置的必须确保每户就业一人以上，中心村安置的必须确保每户都有脱贫产业扶持。

（五）完善体制机制，着力构建四大保障体系

一是政策保障体系，出台了 1 个主体文件、6 个支撑文件、3 个操作性文件

和 14 个部门配套文件,规范政策执行和项目实施工作,确保起步阶段就找准方向、走对路子。二是组织保障体系,层层建立组织领导和实施机构,绘制工程进度图和责任链,出台考核办法和问责办法,实行挂图作战、挂牌督办。三是资金保障体系,按照省级统贷统还保资金、市县集中精力抓实施的要求,贵州省和项目县都组建了平台公司,资金封闭运行、物理隔离、专款专用。截至 2016 年 12 月 20 日,省扶投公司已承接承贷资金 244.31 亿元,下达资金计划 144 亿元,占年度计划的 64%。四是用地保障体系,易地扶贫搬迁工程用地指标单列管理,迁出地增减挂钩节余指标由省统筹在省域范围内流转,建立全国首个城乡建设用地增减挂钩节余指标交易平台并上线运行。

(六)抓好试点示范,着力探索"112354"搬迁安置模式

以惠水县为试点,打造易地扶贫搬迁样板,探索可复制的经验推广到全省。试点工作按照省委书记提出的指导思想、路径和重点,以及省长提出的"七个坚持",紧紧围绕对象识别、安置方式、住房建设、生计保障和后续发展"四个三"要求全面推进,已取得阶段性成效。我们在惠水试点的基础上总结提炼,形成了贵州省易地扶贫搬迁"112354"安置路径,即做实一个基础、建好一项工程、探索两种模式、创新三个机制、落实"五个三"要求、完善四大保障体系,拟在工作实践中进一步探索完善。

2016 年 8 月,全国易地扶贫搬迁现场会在贵阳召开,对贵州省易地扶贫搬迁工作给予了充分肯定。新华社、人民日报和中央电视台等媒体全面报道了贵州围绕脱贫抓搬迁的做法和经验。

二、2017 年工作打算

2017 年,贵州省将全面贯彻落实全国易地扶贫搬迁现场会和全省第三次项目建设暨易地扶贫搬迁现场观摩督查会精神,以问题为导向,紧盯精准抓搬迁,紧盯脱贫抓安置,按照"112354"的工作思路推进全省易地扶贫搬迁工作,

全面完成易地扶贫搬迁年度目标任务。

2017年计划实施易地扶贫搬迁75万人，其中建档立卡贫困人口65万人，同步搬迁人口10万人。2016年12月底完成省级实施方案的编制并报省政府，2017年一季度全面开工。抓紧完善配套设施和住房收尾工程，组织搬迁对象入住，组织工程验收。省指挥部将组织省有关部门于2017年3月根据国家发展改革委、国务院扶贫办《易地扶贫搬迁工作成效考核暂行办法》和《贵州省易地扶贫搬迁工作考核办法》，对各地2016年易地扶贫搬迁实施情况进行考核。

云南省 2016 年易地扶贫搬迁工作进展和 2017 年工作打算

◇◇

2016 年是新时期易地扶贫搬迁的开局之年。云南省认真贯彻落实中央扶贫开发工作会议、全国易地扶贫搬迁工作电视电话会议和全国易地扶贫搬迁(贵州)现场会精神,把易地扶贫搬迁作为脱贫攻坚"关键之役",推动各项政策落地见效,易地扶贫搬迁实现了良好开局,为脱贫攻坚提供了有力支撑。

一、2016 年主要工作

自 2015 年 9 月云南省全面启动新一轮易地扶贫搬迁以来,各地区、各部门围绕易地扶贫搬迁脱贫任务,加强组织领导,注重顶层设计,细化政策措施,各项工作有序推进。2016 年国家下达云南省建档立卡贫困人口搬迁任务 30万人,云南省计划搬迁 18.05 万户 67.73 万人,其中建档立卡贫困户 11.28 万户 40.55 万人。

(一)健全工作机制,强化统筹协调

易地扶贫搬迁实施之初,由省扶贫开发领导小组统筹协调易地扶贫搬迁工作。2016 年 4 月,在省扶贫开发领导小组统一领导下成立易地扶贫搬迁工作推进协调小组,省委副书记、分管副省长分别任组长、副组长,发改、扶贫、住建、财政、国土等部门主要负责同志为成员,办公室设在省发改委。协调小组每个月至少召开一次工作例会,已先后召开 7 次专题会议,研究重大问题,协调落实易地扶贫搬迁重大政策和推进措施。同时,各州(市)、县(市、区)均成立了易地扶贫搬迁协调(领导)小组及办公室、会战指挥部。全省初步建立了上下联动、部门协同、责任落实的工作机制,为易地扶贫搬迁政策落地、任务落实提供了组织保障。

（二）完善配套政策,强化顶层设计

围绕党中央、国务院易地扶贫搬迁决策部署,按照"省负总责"要求,省委、省政府印发了《云南省易地扶贫搬迁三年行动计划》,组织编制了《云南省"十三五"易地扶贫搬迁规划(送审稿)》,并先后召开 5 次会议进行安排部署;省级有关部门先后就规划选址、建房组织方式、用地用材保障、控制建房面积、稳定建材价格、严格资金管理使用、搬迁后续脱贫发展等方面出台了政策文件19 项。全省初步形成了易地扶贫搬迁的制度和政策体系,为有序稳妥推进易地扶贫搬迁提供了政策保障。

（三）搭建融资平台,强化资金保障

组建了省级投融资主体和县级项目实施主体,制定了《易地扶贫搬迁资金来源及拨付方案》《易地扶贫搬迁专项建设基金监督管理实施细则》和《易地扶贫搬迁中长期政策性贷款管理办法》,形成了顺畅的资金承接和运行机制,高效迅速承接了地方政府债券、专项建设基金、国家中长期贴息贷款等资金。全年到位中央预算内投资、地方政府债务资金、专项建设基金及中长期政策性贷款 225 亿元,其中拨付到县约 209 亿元。

（四）科学组织实施,强化项目落地

一是坚决守住底线。贯彻落实国家易地扶贫搬迁工作宣传指导座谈会精神,2016 年 4 月,省委召开专题会议,研究部署严格执行住房建设面积标准、提高建房补助标准、调整建档立卡搬迁户借款等政策,切实防止因搬迁而加重负担进而影响脱贫。二是坚持"先规划后建设"。出台了《云南省易地扶贫搬迁新村规划编制技术要求》,2016年计划建设的集中安置点规划编制完成率达96.07%。三是坚持政策引导和群众主体相结合。在统一规划、统一设计、统一监管的基础上,建立搬迁群众为主体的建设机制,住房建设推广"统规联建"的方式,微小型基础设施项目积极推行一事一议等自建自管模式,发挥搬迁群众的能动性和积极性。四是坚持进度和质量并重。印发了《关于进一步加强易地扶贫搬迁等项目规划建设和质量安全监管的通知》,切实加强建设质量全过程监管。

(五)落实产业和就业,强化脱贫导向

坚持"脱贫是目标,搬迁是手段"的原则,把脱贫要求贯穿易地扶贫搬迁工作始终,做到"三个同步",即:同步布局产业基地,同步编制产业发展规划和就业计划,同步落实脱贫举措。2016年搬迁计划中,落实产业扶贫7万户,就业技能培训13万人,劳务输出5万人,社会保障兜底2万人。

(六)坚持问题导向,强化督促检查

坚持日常监督和集中督查相结合。建立旬报工作动态、月报建设进度、季报目标任务完成情况、半年小结、全年总结的工作报告制度,累计印发易地扶贫搬迁工作信息15期。开发建设云南省易地扶贫搬迁动态信息管理系统,动态掌握建设进度并及时预警。省委督查室先后两次督查易地扶贫搬迁工作,省审计厅对当年脱贫摘帽县脱贫工作开展了跟踪审计,省发展改革委等部门牵头组成8个督查组,开展了4次集中督查。

回顾一年来的工作,主要经验有:聚焦贫困人口,把精准识别搬迁对象作为易地扶贫搬迁工作的基础和前提;聚焦脱贫导向,把"两不愁、三保障"贯穿易地扶贫搬迁工作的始终;聚焦保障基本,严格控制建档立卡搬迁人口建房面积。与此同时,工作推进中也存在部分地区搬迁对象不完全精准、安置选址不科学、住房建设面积控制不严格、资金使用不规范、脱贫举措不到位等问题,我们将下更大力气整改,以更加科学的谋划、更加有效的措施、更加扎实的工作,打赢易地扶贫搬迁这场"关键之役"。

二、2017年工作打算

2017年是云南省易地扶贫搬迁承上启下、全面突破的重要一年。易地扶贫搬迁工作将全面贯彻落实中央和省委、省政府易地扶贫搬迁的决策部署，全面落实全国扶贫开发工作会议精神，坚持问题导向，聚焦薄弱环节，重点做好以下工作。

（一）充实完善政策

紧扣精准扶贫、精准脱贫方略，对照中央易地扶贫搬迁政策要求，全面梳理总结一年来的易地扶贫搬迁工作，调整完善政策，印发实施《云南省深入推进易地扶贫搬迁工作的实施意见》和《云南省"十三五"易地扶贫搬迁规划》，完善和定制相关配套政策，形成"1+1+N"的政策体系。

（二）精准搬迁对象

围绕"一方水土养不起一方人"地方贫困人口，精准落实搬迁对象。在前一阶段前精准识别的基础上，围绕搬迁65万建档立卡贫困人口、35万同步搬迁人口，认真甄别搬迁对象，并录入精准扶贫大数据平台和登记造册，将65万建档立卡贫困人口和35万同步搬迁人口落实到村、到户、到人，全面摸清搞准"搬哪些人"。

（三）合理确定任务

坚持时间服从质量的原则，围绕3年完成65万建档立卡贫困人口搬迁脱贫的任务，在做好2016年项目续建收尾、竣工验收、搬迁入住、成效考核及脱贫销号等工作的基础上，力争2017年启动实施24.5万建档立卡贫困人口搬迁。

（四）严格执行政策

着眼易地扶贫政策的落实和执行，印发实施《云南省易地扶贫搬迁项目管理办法》和《云南省易地扶贫搬迁成效考核实施办法》，上线运行易地扶贫搬迁动态信息管理平台，加强对项目实施进度、质量安全、资金使用的调度和监管。加大明察暗访和督查调研力度，压实市县主体责任，督促全面执行中央和省委、省政府易地扶贫搬迁政策。

（五）落实脱贫举措

聚焦脱贫目标，做好搬迁安置的基础上，对新建移民新村或行政村内就近安置、继续从事农业生产的必须逐户落实增收项目和资金；对城镇或工业园区、乡村旅游区安置的逐户落实就业计划，对不能通过发展生产、就业创业脱贫的，符合条件的要纳入低保范围，做到应保尽保。

西藏自治区 2016 年易地扶贫
搬迁工作进展和 2017 年工作打算

一、2016 年工作总结

2016 年以来,全区各地各部门按照《中共西藏自治区委员会、西藏自治区人民政府贯彻落实〈中共中央 国务院关于打赢脱贫攻坚战的决定〉的实施意见》,以及中央和自治区扶贫开发工作会议、全国易地扶贫搬迁工作电视电话会议和全国易地扶贫搬迁(贵州)现场会议精神,在自治区扶贫开发工作领导小组脱贫攻坚指挥部的统一安排部署下,切实加强组织领导,加快推进易地扶贫搬迁工作,全区易地扶贫搬迁工作起步快、进展好、成效明显。

(一)工作开展情况

编制完成省级规划。根据国家发展改革委等五部门《关于印发"十三五"时期易地扶贫搬迁工作方案的通知》(以下简称《工作方案》)要求,结合当地实际,西藏自治区认真组织编制了"十三五"易地扶贫搬迁实施方案、规划和2016 年实施计划。根据国家发展改革委和国务院扶贫办工作要求,暂按国务院扶贫办核定的"十三五"期间搬迁 2.5 万建档立卡贫困人口,其中 2016 年搬迁 1.75 万建档立卡贫困人口的规模,西藏自治区对实施方案、规划和 2016 年实施计划进行了修改完善,并明确提出待国家重新核定西藏自治区易地扶贫搬迁建档立卡贫困人员后再对实施方案和规划进行调整。

建立健全体制机制。为打赢脱贫攻坚战,实现贫困人口全部脱贫,贫困县全部摘帽,解决区域性整体贫困,西藏自治区党委、政府进一步调整完善了自治区扶贫开发工作领导小组,设立了由自治区党委常委、常务副主席任总指挥长,有关区人大常委会副主任、自治区副主席任副总指挥长,自治区发改、财政、扶贫等 65 个相关部门主要负责同志为成员的自治区脱贫攻坚指挥部,指挥部下设办公室和 10 个专项工作组,其中包括易地搬迁脱贫组。明确了主要职责和任务分工,统筹推进全区易地扶贫搬迁工作。各地(市)也成立了相应的脱贫攻坚指挥部,下设易地搬迁脱贫组。

加强制度设计和政策宣讲。一是草拟了《西藏自治区关于加快推进易地扶贫搬迁工作的指导意见》和《西藏自治区易地扶贫搬迁投资项目管理暂行办法》,并已呈报自治区人民政府审定。二是结合国家发展改革委、国务院扶贫办印发的《易地扶贫搬迁工作成效考核暂行办法》研究草拟《西藏自治区易地扶贫搬迁工作考核办法》。三是建立易地扶贫搬迁项目月报告工作制度,及时了解和掌握全区易地扶贫搬迁建设项目推进情况。四是针对督导调研工作过程中发现的主要问题,先后印发了关于加强和规范易地扶贫搬迁资金使用、住房建设标准、前期工作进度等相关文件,就易地扶贫搬迁工作提出了具体工作要求。五是前后三次组织全区各级各部门的领导、业务骨干进行脱贫攻坚有关政策培训,认真宣讲解读国家及自治区新时期易地扶贫搬迁工作政策及相关工作要求;依托驻村工作队、扶贫专干、扶贫夜校等平台,通过走村入户、广播电视、网络媒体等多种形式,进一步加大易地扶贫搬迁政策宣传力度。六是收集整理国家各有关部委和自治区相关部门印发的有关易地扶贫搬迁工作的各类文件、办法、政策等,形成易地扶贫搬迁政策汇编印发各地(市),供全区广大干部群众参考学习。七是陆续转发了国家发展改革委印发的"十三五"易地扶贫搬迁工作政策指引,阐释重点政策、推介典型经验,供大家在实际工作中参考和运用。

严格资金运作程序。一是积极筹措建设资金。国家确定 2016 年西藏自治区易地扶贫搬迁规模为建档立卡贫困人口 1.75 万人,总投资 10.43 亿元。

为加快推进易地扶贫搬迁工作,西藏自治区确定 2016 年按国家核定其"十三五"易地扶贫搬迁规模为建档立卡贫困人口 2.5 万人推进,总投资 16.5 亿元。截至目前已落实投资 15.25 亿元,其中中央预算内投资 1.75 亿元、自治区基本建设地方预算内投资 0.75 亿元(待中央预算内投资落实到位后扣回)、地方政府债券 2.4 亿元、长期政策性低息贷款 8.75 亿元、其他资金(含援藏、自筹等资金)1.6 亿元。二是组建省级投融资主体。根据《工作方案》有关要求,经自治区人民政府批准同意,在西藏开发投资集团有限公司下注册成立了西藏扶贫开发投资有限公司,承接通过专项建设基金、地方政府债券注入的易地扶贫搬迁项目资本金,以及相关金融机构提供的长期低息贷款,签订了相关协议。截至目前,公司已累计归集全区扶贫开发资金 12.85 亿元,其中地方政府债券 2.4 亿元、自治区基本建设地方预算内投资 1.7 亿元、长期政策性低息贷款 8.75 亿元,并已全部划转到各地(市)。三是完善相关手续。经西藏自治区人民政府研究决定,授权自治区发展改革委作为全区易地扶贫搬迁公共服务购买主体,自治区发展改革委与西藏扶贫开发投资有限公司签订了《西藏自治区 2016 年易地扶贫搬迁委托融资建设购买服务合同》,委托西藏扶贫开发投资有限公司向中国农业发展银行西藏自治区分行、国家开发银行西藏自治区分行承贷 2016 年全区建档立卡贫困人口易地扶贫搬迁长期政策性贷款 87500 万元,专项用于国家核定的西藏自治区 2.5 万建档立卡贫困人口易地扶贫搬迁项目建设;同时,为加强合作、明确各方权责义务、确保资金安全有效运行,自治区发展改革委与相关政策性银行、西藏扶贫开发投资有限公司等相关单位陆续签订了《西藏自治区"十三五"易地扶贫搬迁合作协议》《易地扶贫搬迁资金使用协议》《易地扶贫搬迁贷款资金使用监管协议》等。

加快推进项目建设。一是项目全部开工建设。2016 年,自治区计划推进 2.5 万建档立卡贫困人口易地扶贫搬迁,计划建设 108 个集中安置区。截至 2016 年年底,所有项目已全部开工建设,其中 78 个安置区已竣工,顺利完成 2.5 万建档立卡贫困人口易地扶贫搬迁任务。二是投资完成情况较好。2016 年全区 2.5 万建档立卡贫困人口易地扶贫搬迁计划总投资 16.5 亿元,截至目前,累计完成投资 15.34 亿元,占计划总数的 93%。三是住房建设有序推进。

2016 年全区 2.5 万建档立卡贫困人口易地扶贫搬迁计划建设住房 6500 套，已全部竣工，搬迁入住 3714 户 1.43 万人。

后续脱贫措施有力跟进。统筹推进"五个一批"，积极会同其他专项组谋划搬迁群众后续脱贫措施，确保搬迁群众搬得出、稳得住、有事做、能致富。据初步统计，2016 年计划搬迁的 2.5 万建档立卡贫困人口中通过产业扶持人口 2.03 万人、生态补偿扶持人口 1.4 万人、教育扶持人口 0.71 万人、转移就业 1.13 万人、社会保障兜底 0.11 万人、其他（结对帮扶、医疗救助等）0.52 万人。

加大监督检查力度。按照自治区脱贫攻坚指挥部工作安排部署，多次组织自治区相关部门，对易地扶贫搬迁安置点进行了实地调研督查，重点检查地（市）、县（区）两级脱贫攻坚规划编制情况和易地扶贫搬迁对象识别，以及建设项目组织实施、建设进度、资金使用管理、脱贫帮扶措施等情况，并形成专项调研报告，针对存在的主要问题提出意见和建议。

（二）主要做法和基本经验

思想统一，认识到位。各地（市）把易地扶贫搬迁工程作为党政"一把手"工程和"头号"民生工程来抓，建立健全工作机制，统筹做好项目谋划和组织协调。相关部门密切配合、分工协作、各负其责、强力推进。那曲地区安多县依托村委会和驻村干部开设了"扶贫夜校"，积极宣讲易地扶贫搬迁政策，让广大干部群众深入理解和把握国家和自治区有关政策，积极转变"故土难离不愿搬"的思想，形成了从"要我搬"到"我要搬"的良好氛围。

把握特点、协调推进。针对西藏自治区地域广阔、居住分散、地形多样、自然灾害频发、经济社会发展水平低、反分裂斗争任务艰巨繁重等特点，在推进全区易地扶贫搬迁过程中坚持做到"六个结合"，即：坚持扶贫开发与成边固疆、新型城镇化、新农村建设、产业发展、防灾避灾、反分裂斗争相结合，采取差异化的扶贫措施。

尊重意愿，合理安置。把尊重群众意愿作为易地扶贫搬迁的首要条件，不搞强迫命令，通过自愿申请、资格审核、村级公示、村民表决的程序确定易地扶贫搬迁人员。同时，根据水土资源状况、环境承载能力和城镇化进程，科学布局安置区域，合理确定搬迁重点和规模，因地制宜确定搬迁安置方式，不搞一刀切。

科学规划，合理布局。各地（市）、县（区）在开展易地扶贫搬迁工作时充分吸纳各方意见建议，在全面调查搬迁对象分布及数量、安置资源等情况基础上，按照"适度集中、打造新环境、创造新生活、培育新农牧民、提高生产生活新水平"的要求，综合考虑易地扶贫搬迁工作目标、任务和措施，立足当前、着眼长远，按照全面建成小康社会的要求，统筹规划村庄布局、基础设施配套、公共服务配套、产业发展、生态环境保护等，确保易地扶贫搬迁规划科学、布局合理。

因地制宜，突出特色。以"结合西藏当地文化风貌及使用需求，塑造当地文化元素"为中心思想，在平面布局中，注重用实用文化与文化特色挂钩的方式方法来具体呈现不同建筑的不同形态，在实地踏勘和了解搬迁对象意愿的基础上，编制了不仅符合当地民俗特色又能满足易地扶贫搬迁群众生活的易地搬迁房屋建筑风格、排列方式、户型图集、建设标准等，供搬迁对象选择。

方法得当，措施有力。各地（市）、县（区）认真研究、精心部署，采取超常规思路强化措施办法、细化目标任务、落实工作责任，科学论证搬迁选址，精准识别搬迁对象，严格执行搬迁政策，加快搬迁工程进度，统筹做好配套设施建设及后续产业发展工作，方法得当、措施有力，确保易地扶贫搬迁各项工作扎实有序推进并取得实效。阿里地区通过精准识别"回头看"和查漏补缺工作，对目前已录入系统的建档立卡贫困人员通过"四看识贫法"（一看房、二看粮、三看劳动力强不强、四看有没有读书郎）再次进行了复核，并在此基础上进一步完善各级精准扶贫台账，切实做到人有名、户有卡、村有册、乡有簿、县有电子档案、地市有平台，做到精准再精准，实行动态管理。

注重扶持，促进增收。注重把"输血"和"造血"结合起来，把"雪中送炭"与"授人以渔"结合起来，结合易地扶贫搬迁工作统筹考虑后续产业发展问题，产业培训与搬迁同步规划、同步推进，做到安居与发展并重。紧紧结合当地实际,着重培育发展"可行性、稳定性、公平性、收益性"的产业扶持项目,确保实现"易地搬、有岗位,就近搬、有发展"。

二、2017 年工作计划

(一)全力完成 2017 年搬迁任务

近期,按照国务院扶贫办有关工作要求,西藏自治区会同各地(市)脱贫攻坚指挥部易地搬迁脱贫组对"十三五"易地扶贫搬迁规划进行了细化和完善,计划近期呈报国务院扶贫办审定。按照细化后的方案,2017 年全区计划完成 16.3 万建档立卡贫困人口易地扶贫搬迁任务。

(二)积极配合做好易地扶贫搬迁规模核定工作

继续加大同国家有关部委的汇报衔接力度,做好西藏自治区"十三五"建档立卡贫困人口易地扶贫搬迁规模的核定工作,争取国家给予更大的支持。

(三)启动边境地区小康示范村建设

按照自治区边境地区小康示范村"十三五"规划项目方案和年度计划,积极会同自治区边境地区小康示范村"十三五"规划编制工作领导小组成员单位,紧紧围绕自治区提出的"十项提升工程",全力推进全区边境地区小康示范村建设,着力改善边民生产生活条件。

(四)提前谋划 2018 年工作

按照自治区"十三五"易地扶贫搬迁规划和自治区脱贫攻坚指挥部工作安排部署,积极督促各地(市)提前开展 2018 年易地扶贫搬迁项目前期工作,办理和完善项目规划选址、用地预审、环境影响评价等前期工作,尽快履行项目审批程序,确保项目满足开工条件。

（五）加强项目建设和资金监管工作

按照自治区纪委、监察厅、发展改革委、财政厅等 11 个相关部门联合印发的《关于加强扶贫开发和灾后恢复重建资金管理使用的通知》（藏纪发〔2016〕19 号）和自治区脱贫攻坚指挥部印发的《关于进一步加快和规范全区易地扶贫搬迁工作的通知》（藏脱指办〔2016〕66 号）要求，切实加强项目建设和资金监管工作，严格执行政策标准、切实履行项目审批程序、加快完善项目招投标手续。

（六）加强督导检查工作

按照国家发展改革委和自治区脱贫攻坚指挥部工作安排部署，积极配合各专项督导考核组，做好全年全区易地扶贫搬迁督导考核工作，及时发现和解决问题，确保顺利完成年度易地扶贫搬迁目标任务。

陕西省 2016 年易地扶贫搬迁工作进展和 2017 年工作打算

2016 年以来,按照中央易地扶贫搬迁决策要求,陕西充分结合省情实际,注重顶层设计,狠抓建章立制,筑牢工作基础,对全省易地扶贫搬迁政策、资金管理、组织保障等进行了优化完善,对搬迁对象脱贫措施进行了系统安排,为规范执行中央政策不走样、实现搬迁对象"住房不举债、脱贫有保障"奠定了坚实基础。

2016 年,国家下达易地扶贫搬迁任务 8 万户 28 万人。陕西省为确保国家任务全面完成,2016 年追加下达搬迁任务 14.2072 万户 46 万人(易地扶贫搬迁 10 万户 32 万人,同步搬迁 4.2072 万户 14 万人)。全省共下达搬迁任务 22.2072 万户 74 万人。

一、优化机制保障,全面落实省负总责

陕西省委、省政府始终将易地扶贫搬迁作为脱贫攻坚的重中之重和"关键之役",不断完善政策、理顺机制、夯实责任。

一是建立强有力的组织保障。按照"党委主导、政府主抓"的原则,实行"省、市、县、镇、村"五级书记抓搬迁,省委书记率先垂范,三次主持召开专题会议,省长任省领导小组组长,设立了省、市、县三级扶贫移民搬迁专职机构,

配齐配强干部队伍。

二是完善投融资平台保障。为优化省级投融资主体运行管理，省上将省扶贫开发公司与省移民搬迁公司进行整合，实行"一个平台统筹、统贷、统管、统还"，全面承担易地扶贫移民搬迁等资金的筹措、拨付、监管和偿还等完全责任。

三是强化考核体制保障。充分运用省委建立的"鼓励激励、容错纠错、能上能下"三项机制，把易地扶贫搬迁作为落实"三项机制"切入点、突破口、试验田，建立年度专项述职制度和纠偏预防机制，以日常督导、专项督查和年终考核结果为依据，强化对市级党政领导班子及成员、县级党政主要负责同志的考核，作为提拔重用或组织调整的参考依据。

二、完善政策设计，确保"住房不举债"

把"住房不举债"作为基本出发点，按照"严控群众自筹，推广主导户型，合理控制造价，政府兜底保障"的思路，进一步完善易地扶贫搬迁政策。

一是严控群众自筹资金。规定建档立卡贫困搬迁对象人均自筹资金不超过 2500 元户均不超过 1 万元，也有效激发贫困搬迁群众的内源动力。

二是严把面积红线标准。按照保基本原则，以人均 20 平方米标准，主推 60 平方米、80 平方米、100 平方米户型，最大不超过 120 平方米。针对鳏寡孤独、残疾人等特困单人户和两人户，按人均 20 平方米建房，实行政府集中供养。对有一定劳动能力的特困群众，实行"交钥匙"工程，提供免费住房。在中心村采取庭院式安置的，按照"打三建一"的标准处理地基，既保障了当前的基本住房，又为贫困群众脱贫及持续改善住房条件打好基础。

三是合理控制建房成本。落实基本保障、功能配套、标准适当的要求，在对全省各地建房成本进行深入调查和精细测算的基础上，规定集中安置建房成本原则上控制在每平方米 1500 元以内。

四是提高补助标准。采取集中安置的，建房人均补助 2.5 万元、旧宅基地腾退复垦人均奖励 1 万元、基础和公共服务设施配套人均补助 2 万元,人均补助共计 5.5 万元。

三、探索推广"四个三",确保"脱贫有保障"

按照"搬迁是手段、就业是核心、脱贫是目标"的思路,进一步夯实县级党委、政府搬迁和脱贫的主体责任,要求县级政府组织搬迁的同时,要同步制定精准到户的综合施策方案,切实落实就业优先、以岗定搬,探索推广了"四个三"工作法。

"三项规划一体编"。同步编制移民搬迁安置建设规划、基础设施和公共服务设施配套建设规划、脱贫致富规划,切实做到"三规合一",为实现搬迁与脱贫衔接、生产与生活同步、安居与乐业统筹奠定基础。

"三份协议一次签"。在集中入户调查过程中,一次性签订搬迁协议、旧宅拆除复垦协议和脱贫协议,全面掌握群众的搬迁安置意愿,兑现按期拆旧和落实就业措施,更好地组织群众、发动群众、引导群众,保障群众的知情权、选择权和监督权,为实现先人后房、以户定建、以户定扶、以户定业奠定基础。

"三就措施配套跟"。落实就业、就医和就学三项措施,坚持一二三产并举,产业就业创业齐抓,统一组织服务与鼓励自主择业创业结合,谋划本地移民搬迁与脱贫致富的具体举措。有机衔接产业扶贫、转移就业、教育扶贫和健康扶贫等其他精准扶贫工程,发挥政策聚合效应,在安置地确保搬迁群众就地就近实现就医、就学,切实保障搬迁群众享受基本均等的公共服务。

"三方力量同发力"。通过群众努力、政府给力、市场聚力,引导企业及社会力量参与移民搬迁安置社区建设、就业项目、物业管理、资产运营等。引导群众发挥主体作用,激发脱贫致富内生动力,依靠自身努力脱贫。

此外,在就业、产业等各项脱贫措施全面惠及贫困搬迁对象基础上,陕西以县为主体,建立户均 5 万元脱贫保障金,通过市场化资本统一运作,为因病、因灾、因市场风险等因素而不能如期脱贫的搬迁对象脱贫提供兜底收入保障,确保搬迁一户，脱贫一户。

四、搭建信息宣传平台，不折不扣传递政策

充分运用大数据，建立了陕西省移民搬迁综合信息系统，包括信息管理子系统、搬迁指挥子系统、查询服务子系统、监督考评子系统等，实现了与"扶贫开发信息新系统"的有效衔接，为工作提供了强有力的技术支撑。立足陕西、面向全国，建立和运行全方位、多层次的"三个一"外宣平台，即一本《当代移民搬迁》杂志（月刊）、一个"中国移民大搬迁"网站、一个"当代移民搬迁"微信公众号。同时，为了更全面地宣传发动基层，用群众的语言，编写了《陕西移民（脱贫）搬迁政策60问》，通俗易懂、图文并茂介绍移民搬迁政策，并制作成了口袋书和年历，向镇村基层干部和移民搬迁群众发放，把中央和省委、省政府移民搬迁政策和相关部署不折不扣地传递给人民群众。

五、科学统筹推进，努力实现一举多赢

陕西省委、省政府把中央实施易地扶贫搬迁工程作为陕西实现"追赶超越"的重要抓手，放在全省发展的全局中进行系统谋划，在确保如期完成易地扶贫搬迁建设任务的基础上，按照"遵循规律、系统谋划、统筹推进、四化同步、一举多赢"的思路，作出了以扶贫搬迁为主，统筹推进避灾、生态等类型搬迁的战略决策，把移民搬迁作为治本性的民生工程、全局性的发展工程和关键性的生态工程，通过"资金物理隔离、封闭运行，政策分类制定、互不交叉，群众融合安置、互帮互扶"，着力优化安置社区居民结构，既避免形成"穷人扎堆"的负面效应，又协调推动搬迁地区的人口聚居、要素聚合、产业聚集，实现如期脱贫、现代农业、城乡一体发展等方面的一举多赢。

六、2017 年工作打算

2017 年是陕西省易地扶贫搬迁工作承前启后的关键年。陕西省将认真落实中央易地扶贫搬迁和全省移民（脱贫）搬迁工作决策部署，紧密围绕"遵循规律、系统谋划、统筹推进、四化同步、一举多赢"的工作总体思路，以"建设推进提速度、规范管理上水平"为工作主线，全面推进各项工作顺利开展。

一是狠抓项目推进。按照年度计划任务，紧抓开工率、建成率、入住率三个关键环节，统筹安排好建房、基础和公共配套设施建设。加快编制 2017 年项目建设实施方案，完善规划、土地、灾害评估的前期手续，为年后开春项目全面开工创造有利条件。按照"前期项目抓开工、开工项目抓进度、在建项目抓完工、建成项目抓入住"的思路，紧抓施工有利时机，对照时间表，明确节点任务，加强要素保障，破解建设难题，确保项目建设进展顺利。

二是强化规范管理。紧紧抓住合理的搬迁规模、安置人口类型结构、住房建设面积等三个关键，修订完善安置建设规划、基础和公共服务设施配套建设规划；进一步完善政策覆盖面、增强针对性，市、县围绕规范分散安置、项目审批管理、宅基地腾退等分级完善配套政策体系；全面建立信息化管理系统，实现易地扶贫搬迁各类信息数据上下贯通、横向衔接，与扶贫开发信息系统实现有效对接；完善市、县投融资平台建设，健全资金管理拨付管理和运行机制，进一步提升资金管理的规范化水平；推进建设的同时，充分总结提升不同类型、不同区域的创新经验和成功模式，围绕打造精品集中安置社区和产业配套示范园区，形成规模不等、特色鲜明、配套完善的各类示范点，串点成线、覆盖到面，打造在全省可复制、能推广的示范体系，推动工作全面迈入制度化、规范化、精细化轨道。

三是夯实脱贫基础。落实"搬迁是手段、就业是核心、脱贫是目的"的要求，围绕搬迁安置社区建设，同步制定产业、就业扶贫政策措施，细化到户、到人的脱贫综合实施方案，确保搬迁一户，脱贫一户。在产业、教育、就业、生态、医疗等各项脱贫措施全面惠及易地扶贫搬迁对象的基础上,建立建档立卡搬迁贫困户脱贫保障基金,为搬迁贫困群众提供基本收入保障,形成与"五个一批"脱贫措施有机衔接、相互促进的资本收益扶贫机制。

四是完善督查考评。为切实保障项目建设,提升规范管理水平,加大督导督查、考核评价力度。建立"月督导、季点评、半年排名、年终考核"的机制,形成固定化、常态化、制度化的日常督导和专项督查工作机制;围绕2017年工作重点任务,优化年度考核导向,正式建立并引入第三方评估机制,落实省委"三项机制"保障,强化对市、县党委、政府主要负责人移民(脱贫)搬迁工作的组织考核。

甘肃省2016年易地扶贫
搬迁工作进展和2017年工作打算

2016年是新一轮易地扶贫搬迁工作的开局之年,甘肃省深入贯彻中央扶贫开发工作会议、全国易地扶贫搬迁工作电视电话会议和全国易地扶贫搬迁(贵州)现场会精神,认真落实《中共中央 国务院关于打赢脱贫攻坚战的决定》《"十三五"时期易地扶贫搬迁工作方案》和《全国"十三五"易地扶贫搬迁规划》,全力推进"十三五"易地扶贫搬迁各项工作,实现了良好开局。

一、2016年工作进展情况

(一)加强顶层设计

将政策谋划和顶层设计作为推动全省"十三五"易地扶贫搬迁各项工作有序开展的基础,省政府印发《关于加快推进"十三五"时期易地扶贫搬迁工作的意见》《甘肃省"十三五"易地扶贫搬迁规划》《甘肃省易地扶贫搬迁项目建设管理办法》《易地扶贫搬迁项目省级融资平台运营管理方案》《易地扶贫搬迁富民产业发展实施方案》《关于保障易地扶贫搬迁建筑材料供应工作的指导意见》等"1+4+1"工作方案,对"十三五"易地扶贫搬迁工作的总体目标、资金来源、支持政策、项目管理、融资平台运行及后续产业发展等方面进行了系统、全面规范。

（二）突出政策宣传

组织扶贫、财政等部门分两期举办了全省易地扶贫搬迁政策专题培训会，对市、县两级政府分管领导和所属发改、财政、扶贫及县级项目实施主体的负责同志430多人进行培训，就新时期易地扶贫搬迁政策、土地增减挂钩支持易地扶贫搬迁政策及操作流程、易地扶贫搬迁建档立卡贫困人口识别及销号、省级融资平台统筹安排资金政策及操作流程等内容进行了讲解，进一步统一思想认识，加深政策理解。同时，充分发挥项目县基层党组织、双联干部和驻村工作队作用，针对新政策与原有政策变化，对群众进行耐心细致的解释和情绪疏导，动员搬迁群众积极支持和主动参与到新一轮易地扶贫搬迁工作中来。

（三）精准确定搬迁对象

依托全省精准扶贫大数据平台，按照"农户申请、民主评议、逐级公示、层层审核"的原则，将全省需要通过易地搬迁实现脱贫的50万建档立卡贫困群众确定到户到人。同时，根据尽可能实现整体搬迁的原则，确定23.14万其他群众同步实施搬迁，统一纳入全省"十三五"易地扶贫搬迁规划，做到一次规划、分年实施、统筹推进。建档立卡群众搬迁所需资金，通过中央预算内投资、发行地方政府债券、专项建设基金、政策性和开发性银行贷款解决，保证贫困户搬迁自筹资金控制在户均1万元以内。同步搬迁群众所需建房资金，省级财政人均补助5000元，国家开发银行为每户提供10年期10万元低息贷款，安置区基础设施和公共服务设施与建档立卡户一并统筹规划建设，努力实现整体搬迁。

（四）明确住房建设标准

认真贯彻落实"保基本""守底线"的要求，根据甘肃省建档立卡搬迁群众家庭状况实际，分类制定农村建房和城镇购房面积控制标准。其中农村建房面积4人以下60平方米、4人80平方米、4人以上100平方米；城镇购房面积4人以下60平方米、4人75平方米、4人以上90平方米，均比国家人均不超过

25平方米的控制标准严格。农村一、二类低保群众、农村"五保"供养对象和残疾人等特困群体安置住房建筑面积人均不超过15平方米,总面积控制在60平方米以内。在集中安置点建设过程中,采取在分配的宅基地预留续建空间等办法,由搬迁对象今后根据自身经济条件改善状况和实际能力自主决定是否扩建,坚决防止变相扩大住房面积、脱离实际提高建设标准和过度装修,杜绝出现因建房导致搬迁群众致贫返贫。

(五)规范融资平台管理

省政府印发《易地扶贫搬迁项目省级融资平台运营管理方案》,新设立甘肃省易地扶贫搬迁有限责任公司作为易地扶贫搬迁省级投融资主体,承接25亿元专项建设基金和48.7亿元地方政府债作为资本金,按照"统贷统还"的模式,统一向金融机构申请贷款;县级项目实施主体通过市场化方式,从省级投融资主体承接资本金和贷款,并按照规划和年度实施方案将资金用于易地扶贫搬迁工程项目建设。根据融资工作统一部署,省级投融资主体先后与省财政厅、国开行甘肃省分行签订了政府购买服务协议及贷款授信协议,并制定了资金管理办法和操作流程。

(六)努力降低建设成本

制定了《关于保障易地扶贫搬迁建材供应的指导意见》和《易地扶贫搬迁建材保障工作方案》,省、市两级建立易地扶贫搬迁建材保障联席会议制度;县级建立易地扶贫搬迁建材保障组,通过开展互保共建、加强监测预警、强化质量监管、优化服务体系等措施,努力减少市场流通中间环节,切实降低搬迁群众住房建设成本。同时,鼓励搬迁群众按照规划和房屋设计方案,通过自建、联建、互相帮工等形式,既降低了人工费用,也使群众对房屋建设质量进行有效监督,确保搬迁不增加负债,控制在群众可承受的范围内。

(七)建立健全责任体系

为确保搬迁对象及脱贫成效的精准,建立了易地扶贫搬迁"4342"责任体系,明确了易地扶贫搬迁过程中村级党支部书记、村委会主任、驻村帮扶工作队队长和搬迁农户4方,乡级党委书记、乡(镇)长和扶贫工作站站长3方,县级党委书记、县(区)长、扶贫办主任和发展改革局局长4方,市级党委书记、市(州)长2方的责任,逐级签订易地扶贫搬迁承诺书,报省易地扶贫搬迁工作领导小组备案,甘肃省委据此安排年度搬迁计划,确保搬迁一户,脱贫一户。

(八)努力创新安置模式

根据新一轮易地扶贫搬迁实施特点,因地制宜选择安置模式和安置区域,充分利用小城镇、工业园区、国有农(林)场、条件较好的中心村等,采取易地搬迁、整村推进,整体搬迁、插花安置,就近搬迁、改善条件等方式,千方百计解决安置用地难题,实现灵活搬迁。全省2016年计划建设的717个集中安置点中,行政村内就近集中安置点435个,新建移民村安置点200个,依托小城镇建设安置点62个,依托产业园区建设安置点8个,依托乡村旅游区建设安置点3个,其他类型集中安置点9个。以武威为代表的河西地区依托祁连山生态屏障保护、石羊河流域治理、黄河调水等工程,以水定地,以地定人,利用国有农林场、新开垦的耕地作为安置用地,通过集中安置和发展设施农业,达到了扶贫开发和生态治理的有机统一;以定西为代表的中部干旱区和以庆阳为代表的陇东能源基地以就近集中搬迁安置模式为主,依托县城、小城镇、中心村、工业园区等进行安置,引导群众逐步向城镇有序搬迁,实现梯次转移;以陇南市为代表的南部山区实施"依山就势、改善条件",通过插花、城镇化安置等方式,最大程度上解决"人往哪里去、地从哪里来"的问题。多种搬迁模式的实施,有效解决了用地难题,充分调动了搬迁群众的积极性和主动性,达到了从"要群众搬"到"群众要搬"的效果。

(九)加大后续扶持力度

省政府印发《易地扶贫搬迁富民产业发展实施方案》,根据不同地区的产业特点,因地制宜支持搬迁群众发展富民产业。各县(市、区)在工程建设过程中,同步开展产业培育、就业培训等工作,努力实现"搬得出、稳得住、有事做、能致富"目标。一是在集中安置区重点鼓励扶持发展以玉米、马铃薯为主的旱作农业和日光温室等设施农业,大力发展以牛羊为主的草食畜牧业,加快培育种养大户、专业合作社和龙头企业等新型农业生产经营主体,提高农业生产的规模化、组织化程度。二是对依托城镇化和园区插花安置的群众,大力开展订单、定岗、定向、菜单式培训,提升务工技能,增加搬迁群众的工资性收入。三是对依山就势改善条件的群众,通过实施退耕还林,加快发展优质林果、中药材等特色优势产业和区域性特色产品,拓宽增收渠道。同时,积极引导开展搬迁户以农村土地承包经营权、林权、宅基地使用权、日光温室、大型农机具等抵押担保贷款试点,支持将产业发展贷款和扶贫资金折股量化到贫困户、投入专业合作社或龙头企业,按股分红,负盈不负亏,促进农民增加财产性收入。

(十)加大监督检查力度

省政府先后召开新一轮易地扶贫搬迁工作启动会和电视电话会议,进一步统一思想、凝聚力量、落实责任,推动各项工作扎实深入开展。2016年6月,省易地扶贫搬迁工作领导小组牵头开展了易地扶贫搬迁工作检查,对新一轮易地扶贫搬迁任务重、工作量大的23个县(市、区)的186个项目、69个安置点、25个迁出区进行了实地检查,重点检查了工程组织实施、搬迁对象识别、项目建设进展、资金使用管理、脱贫帮扶措施和投融资主体运行等情况,通过实地检查,指导基层落实好易地扶贫搬迁各项政策,努力实现良好开局。11月,组织有搬迁任务的市(州)、县(市、区)开展了项目交叉检查,共检查县(市、区)43个,安置点144个,迁出区46个,召开座谈会26次,走访群众1027户,通过交叉检查,促进地区之间相互学习交流,营造比学赶超的浓厚氛围,确保按时完成搬迁任务。

(十一)加快工程项目建设

2016年共下达易地扶贫搬迁建设任务24.9万人(其中建档立卡贫困群众16.1万人,同步搬迁群众8.8万人),共涉及69个县(市、区),717个集中安置点,项目计划总投资 131.9 亿元。

二、2017 年工作打算

一是紧盯脱贫目标。在全面完成 2016 年搬迁任务的前提下,加快完成 2017 年项目土地落实、项目审批等前期工作,全年力争实施易地扶贫搬迁 24 万人(建档立卡贫困群众 18 万人,同步搬迁群众 6 万人)以上。坚持搬迁与脱贫两手抓,提前谋划搬迁群众技能培训、产业发展、创业就业等具体途径和措施,把脱贫目标贯穿于搬迁工作全过程,做到因村因户因人施策,确保搬迁群众实现稳定脱贫。

二是强化县级平台建设。进一步加强县级易地扶贫搬迁项目实施主体的规范管理,健全各项规章制度,建立科学、高效、规范的决策、执行和监督机制。协调贷款银行根据易地扶贫搬迁工作特点,在有效防范金融风险的前提下,进一步优化内部审批流程,开辟审批绿色通道,确保贷款及时足额投放,形成上下衔接、渠道畅通、保障有力的用还款机制。

三是加强督查检查。通过省级稽察、市州间交叉检查、现场推进会、现场督导等方式,定期对工程进展情况进行检查评估,积极协调解决存在的问题,确保项目落地、资金安全、群众受益。

四是形成工作合力。依托全省精准扶贫大数据平台,建立易地扶贫搬迁对象动态调整机制,做到对象精准;出台全省城乡土地增减挂钩政策支持易地扶贫搬迁具体实施细则,谋划建立指标交易平台,为解决易地扶贫搬迁债务偿还问题奠定基础。

五是加大政策宣传。加强对群众的教育引导和情绪疏导,及时化解矛盾纠纷,理顺群众情绪,让群众积极支持和主动参与到项目建设中来。

六是做到统筹部署。做好 2017 年各项工作的同时,加快 2016 年项目实施进度,确保 2016 年下达搬迁任务的 16.1 万建档立卡贫困群众于 2017 年年底前全部实现搬迁入住。

青海省 2016 年易地扶贫
搬迁工作进展和 2017 年工作打算

◇◇

2016 年以来,青海省上下扎实贯彻中央扶贫开发工作会议、全国易地扶贫搬迁工作电视电话会议精神,认真落实"搬迁是手段,脱贫是目的"的根本要求,不断强化组织领导,统筹谋划部署,创新工作机制,协同推进落实,取得了阶段性成效。

一、总体推进情况

(一)项目建设顺利开展

从 2015 年 3 月开始,青海省利用 10 个多月时间,结合"两线合一"精准识别,按照"个人申请、村民评议、村委推荐、乡级审核、县级审批、张榜公示"的工作程序,精准锁定"十三五"易地搬迁对象 52480 户 200067 人(其中建档立卡贫困人口 33377 户 118869 人,同步搬迁 19103 户 81198 人),在 38 个县(市、区)的 1234 个村实施易地搬迁项目。各地充分发挥"第一书记"和驻村干部作用,开展多轮次、全方位的摸底动员,组织完成对象识别,指导选定安置方式,将年度计划落实到户到人。2016 年搬迁安置 2.13 万户 7.76 万人(其中建档立卡贫困人口 13259 户 45144 人)。

（二）领导重视统筹推进

青海省委、省政府高度重视易地扶贫搬迁工作，坚持把易地扶贫搬迁作为脱贫攻坚的头号工程，作为从根本上解决贫困群众生计问题的最有效方式，统筹谋划，聚合资源，多元发力，强力推进。研究制定了《青海省易地搬迁脱贫攻坚行动计划》，高规格召开启动大会，全方位安排部署"十三五"易地扶贫搬迁工作，要求以强烈责任意识和担当精神打好脱贫攻坚"当头炮"。省委、省政府主要领导和分管领导先后30余次就易地搬迁工作作出批示。省委书记到青海工作不久就深入互助县、刚察县调研指导易地搬迁工作。时任省长批示强调，易地扶贫搬迁是精准脱贫的关键举措，涉及资金量大，相关问题多，务必要精心组织，从严管理，防范风险，确保实效。时任省委副书记专门动员部署，定期听取汇报，提出工作要求。副省长先后深入各县安置点开展调研，重点指导。省发改、财政、交通、水利、住建、国土、金融、电力等部门，充分履行行业责任，跟进配套实施项目，协同推进项目实施。各市（州）、县（市、区）党委、政府将易地扶贫搬迁作为"一把手"工程，成立以主要领导为组长的领导小组，组建现场指挥部，建立并落实会议研究、工程调度、工作推进、包片负责、督查督办等工作制度。

（三）规划引领有序安排

青海省研究制定了《青海省易地搬迁脱贫攻坚行动计划》，编制了"十三五"易地扶贫搬迁规划、实施方案和2016年实施计划，各县制定了项目实施方案，坚持以规划指引搬迁、引领脱贫，做到任务到县、计划到年、布局到点、落实到户。东部地区主要突出建设新村、小城镇、县城或工业园区集中安置和自主安置；环湖地区主要突出小城镇安置、就近集中安置、乡村旅游区安置；青南地区坚持三个"三分之一"布局，即：三分之一县城安置，三分之一乡镇或交通沿线集中安置，三分之一村内就近安置，实现人口梯度转移，草场流转经营，产业集约发展，推进城乡一体化进程。

（四）完善机制多元发力

各地积极完善工作机制，坚持细化节点、倒排工期，扎实推进年度扶贫搬迁项目实施。一是组织保障机制。建立了主要领导负总责、分管领导具体抓、项目责任人现场监督的工作机制，一级抓一级，层层抓落实，保证了领导力量和工作力量。二是协同配合机制。各级职能部门坚持将易地扶贫搬迁纳入年度工作计划，打破常规，特事特办，在保证质量、要件齐全前提下，开辟绿色通道，简化办事程序，优化审批流程，做到程序服从进度，提高工作效率。三是项目管理机制。各地能够认真落实行政领导负责制、项目法人负责制、参建单位终身负责制、招投标管理制、工程监理制和群众监督制等制度，以制度为保障，向管理要效益。四是群众参与机制。各地充分发挥搬迁群众的主体作用，在识别搬迁对象、选择安置方式、评议规划设计、施工单位选定、项目质量监督等方面让群众全过程参与，保障了群众的知情权、参与权和监督权。五是督查督办机制。省领导小组先后 5 次就搬迁工作开展督查暗访，通报情况。西宁市建立"月报告"制度，县上每月向市领导小组汇报搬迁工作进度。海北、果洛、玉树州扶贫局主要负责人经常性深入现场督查督办、解决问题。河南县将易地扶贫搬迁纳入年度绩效目标责任进行单独考核。六是宣传引导机制。各地通过易地搬迁政策宣讲、干部挨家入户宣传和印发《政策指引》等方式，详细解读政策设计、目标任务、建设要求和项目程序等，使基层干部群众成为易地搬迁政策的明白人、知情人，同时引导群众转变思想观念，变"等靠要"为主动参与。

（五）谋划政策细化实施

各级党委、政府坚持把易地扶贫搬迁作为脱贫攻坚的重中之重，突出工作重心，科学谋划政策，硬化实化措施，聚合资源，全力保障。省委、省政府针对不同的搬迁区域、搬迁对象和安置方式，制定了强有力的扶持政策，做到差别化对待，既落实了中央让搬迁户少掏钱或不掏钱的政策要求，又体现了制度关怀。贫困户建房扶持政策全面到位，不留死角。针对建档立卡搬迁户的致贫因素和脱贫需求，在易地搬迁政策基础上，进一步落实特色产业、转移就业、教育脱贫、医疗救助、低保兜底、生态保护等扶持政策，政策叠加，措施配套，缺啥补啥，确保搬得出、稳得住、能致富、过得好。如黄南州各县对搬迁户每户安排1名公益性岗位，优先解决城镇周边安置群众的就业问题。

（六）多方资金稳妥运作

"十三五"易地扶贫搬迁计划投资规模88.6亿元，除9.2亿元群众自筹外，其他资金由省政府通过中央预算内投资、发行地方政府债券、专项建设基金、政策性贷款等方式解决，全额保障，封闭运行，专款专用。省政府在全国率先组建扶贫开发投资公司，主要承担易地扶贫搬迁投融资业务，注入资本金29.5亿元，青海省易地扶贫搬迁项目建设期一般为两年，项目计划三年下达四年完成，超出国家中央预算内投资安排的计划任务，相应的资金由省财政采取滚动垫资方式予以解决。为彻底改善搬迁群众生产生活条件，提升基本公共服务均等化水平，省级行业部门对集中安置区配套建设水、电、路、通信、环卫等基础设施，完善教育、医疗卫生、文化体育等基本公共服务设施。2016年已落实行业配套资金4.04亿元，修建饮水管道475公里，架设输电线路609公里，硬化村级道路264公里，建设村级活动场所和文化场所各17个。省国土资源部门优先保障安置用地，每年增加国家扶贫开发重点县用地指标600亩，有效解决了安置用地审批难问题。

（七）后续脱贫有效跟进

为实现"挪穷窝"和"换穷业"并举，搬迁与脱贫同步，全省上下跟进实施扶贫产业项目。在到户产业项目的安排上，对建档立卡搬迁对象全覆盖，引导因地制宜选择发展后续产业。如：祁连、门源等县把旅游资源配置给搬迁村，引导搬迁群众借助景区资源发展增收产业。达日、杂多等县政府将县城黄金地段无偿划拨建设扶贫产业园区，吸纳搬迁群众入园务工增收。湟源、贵德等县通过将迁出区土地打包流转建设生态牧场，拓宽搬迁群众增收渠道。湟中、互助、民和、共和、尖扎等县引导搬迁群众发展特色种养项目。化隆县借助

"带薪在岗实训+创业"项目,扶持搬迁群众异地在岗实训就业。河南县通过培育发展生态畜牧业大户带动搬迁贫困户,结合地方特色和需求对搬迁群众开展针对性培训,使其掌握生产发展技能等途径,解决搬迁群众稳定增收问题。曲麻莱县积极探索确定了四种生产经营脱贫模式,即股份制经营管理型的"红旗模式"、能人代牧管理型的"藏迪模式"、资产收益型的"郭洋模式"、养畜大户带动型的"家庭牧场模式"。实施了三个产业保障措施,即开发生态保护型饲草种植产业、提升牧业基础设施、建设饲草料种植加工基地。落实了两个配套项目,即:投资1300万元,建设6800平方米的曲麻莱县精准脱贫技能服务中心,使全县贫困劳动力特别是易地搬迁的建档立卡户通过培训,由过去的单一劳力型向多元技能型转变。整合资金4000万元,实施了1万平方米商住一体的曲麻莱县精准扶贫产业园项目。实施了1项改革措施,即:加快推进易地搬迁项目区牧业合作社管理模式向股份合作制转轨,实现资产收益。

二、2017年工作打算

青海省将进一步做好易地扶贫搬迁衔接工作,严格按照规划和年度实施方案有序落实好2017年中央预算内资金计划的上报和下达工作。2017年计划安排易地扶贫搬迁县34个,工程34项,搬迁安置建档立卡贫困人口13626户50144人,主要建设内容包括修建群众住房13626套(栋)109万平方米。

宁夏回族自治区 2016 年易地扶贫搬迁工作进展和 2017 年工作打算

根据中央扶贫开发工作会议、全国易地扶贫搬迁工作电视电话会议和全国易地扶贫搬迁(贵州)现场会精神,自治区各部门、各相关市、县(市、区)按照自治区党委、政府对易地扶贫搬迁工作的统一部署和《宁夏"十三五"易地扶贫搬迁规划》要求,全区上下通力协作,扎实推进,易地扶贫搬迁实现良好开局。

一、主要做法和经验

(一)抢抓机遇,把精准扶贫、精准脱贫作为基本方略

易地扶贫搬迁是打赢脱贫攻坚战的重大举措,涉及的范围广、实施难度大,是一项艰巨复杂的社会系统工程。2016 年 1 月,自治区党委、政府召开了宁夏脱贫攻坚誓师大会,要求各地、各部门切实把思想和行动统一到中央决策部署上来,统一到习近平总书记扶贫战略思想上来,坚持精准扶贫、精准脱贫,实现"两个确保"目标(确保贫困人口全部脱贫、确保贫困县全部摘帽)。宁夏回族自治区党委主要负责同志在主持召开党委常委会议专题研究宁夏"十三五"易地扶贫搬迁工作时强调:各地、各部门(单位)要坚持从实际出发,实事

求是,认真总结"十二五"易地扶贫搬迁工作经验,深入研究移民工作的新情况新特点,抓住中央加大脱贫攻坚支持力度、自治区推进产业转型升级、加快城镇化建设等机遇,统筹考虑水土资源条件、就业吸纳能力、产业开发潜力和基本公共服务供给能力,科学布局安置点,确保"十三五"易地扶贫搬迁工作积极稳妥推进。

(二)坚持统筹发展,举全区之力推动移民攻坚

按照习近平总书记系列重要讲话精神和中央扶贫开发工作会议精神,自治区党委、政府站在加快建设和谐富裕新宁夏、与全国同步进入全面小康社会的战略高度,借助城镇化、工业化和农业产业化以及沿黄经济区加快发展的优势,把中南部地区易地扶贫搬迁纳入经济社会发展全局进行统筹考虑。一是统筹山川发展。"以川济山、山川共济"是宁夏扶贫移民工作一贯坚持的方针,特别是近年来按照主体功能区规划的要求,树立了把宁夏作为一个城市来规划建设的理念,促进人口的有序转移和合理分布,着力在全区范围内整合配置水土资源,统筹解决中南部地区的贫困和发展问题。"十三五"易地扶贫搬迁工程规划搬迁的 8.2 万人中,在沿黄经济区(县外)安置 21.1%,在中南部地区(县内)安置 78.9%。二是统筹城乡发展。充分利用城镇化加快发展的良好机遇,除在局部区域采取小规模开发土地安置移民、插花安置移民外,通过在沿黄城市、重点城镇、工业园区、产业基地等建设或回购移民住房,帮助移民稳定务工就业,使农村人口一步进城,加快农民变市民步伐。"十三五"期间,宁夏劳务移民占搬迁总规模的 46.8%。

(三)注重改善民生,增强自我发展能力

把创建和谐优美的人居环境、增强移民自我发展能力作为易地扶贫搬迁的出发点和落脚点。"十三五"易地扶贫搬迁工程进一步提高了基本公共服务水平。在新村选址建设上,做到"三靠四结合",即把移民新村布局在靠城、靠路、靠水的区域,结合社会主义新农村、黄河金岸、大县城、工业园区进行规划建设。坚持住房与基础设施、公共服务设施、产业设施等统一规划,整体推

进，使移民新村更适宜居住、更适宜发展。在公共设施配套上，做到"六通八有"，即移民新村实现通电、通自来水、通柏油路、通公交车、通广播电视、通信息；有村级活动场所、有学校（幼儿园）、有医疗服务站、有劳动就业服务中心、有超市、有文化广场、有环保卫生设施、有新能源，大幅度提高公共服务能力。在惠农政策的落实上，做到"四个享受"，即移民享受安置地各项惠农政策；移民在原居住地享受的退耕还林、退牧还草等政策搬迁后继续执行；搬迁前两年财政向每户移民每年给予 1000 元取暖费和水费补助；移民搬迁后，实行属地管理，与当地居民享有同等的教育、医疗卫生、基本医疗保险、养老保险和社会救助等社会保障政策。

（四）培育特色产业，促进移民增收致富

培育特色产业、帮助移民实现脱贫致富是易地扶贫搬迁工作的重中之重。"十三五"易地扶贫搬迁工程实施中，自治区以促进移民增收为核心，为就近安置、小规模开发土地安置的移民，每户建设 1 亩设施农业（或 1 座养殖圈棚），积极推动形成特色种养收入为基础、劳务收入为主体的增收格局。同时强化移民就业技能和创业能力培训，统筹整合技能培训、创业培训、新型农民培训以及贫困地区劳动力转移中长期培训等相关培训资源，采取灵活的培训方式，开展符合市场需求的"订单式"培训，确保移民户主要劳动力掌握至少一门致富技能。努力提高就业能力，促进移民转移就业。

（五）创新机制，强化市县抓落实的总要求

一是改革项目审批和资金下达方式。顺应"放管服"改革要求，《宁夏"十三五"易地扶贫搬迁规划》提出推行易地扶贫搬迁建设任务、资金、权力、责任"四到县"机制，将中央预算内投资、地方政府债券、专项建设基金、长期贷款等资金采取按人定补的方式，切块下达到安置县（市、区）；易地扶贫搬迁具体建设项目由县（市、区）自主决定，将移民项目审批权限由自治区下放到县（市、区）。自治区层面着重加强规划引导和事中、事后监管。二是劳务移民安置注重与推进去库存相结合。针对自治区商品房去库存任务较重的实际，

允许安置地政府回购城镇商品房安置劳务移民,力争使移民搬迁在化解商品房库存方面发挥重要作用。三是充分尊重市县意愿和移民诉求,更多满足群众差异化需求。四是本着有利于妥善安置、降低成本、后续发展的原则,鼓励县(市、区)积极探索行之有效的移民安置模式。

(六)完善政策措施,推动工程有序实施

长期以来,自治区移民工作在组织领导、统筹规划、搬迁方式、安置模式、资金整合、项目建设、后续产业发展、社会管理等方面积累了丰富的经验,特别是"十二五"易地扶贫搬迁工程实施后,自治区党委、政府及各部门加快了政策完善步伐,先后制订出台了 30 多项管理办法、专项规划或政策意见,对土地调整、项目建设、产业培育、户籍管理等形成了一套完善的移民政策保障体系,使移民工程迈入制度化、规范化轨道,为推动易地扶贫搬迁工程成功实施提供了重要支撑。2016 年以来,在自治区人民政府印发《宁夏"十三五"易地扶贫搬迁规划》的基础上,宁夏扶贫开发领导小组、发改委、扶贫办、财政厅又相继制定并印发了《"十三五"易地扶贫搬迁安置区建设方案编制指导意见》《国家"十三五"易地扶贫搬迁工作政策指引》《宁夏"十三五"易地扶贫搬迁工作政策指引》《关于加快推进"十三五"易地扶贫搬迁工程建设进度的通知》《宁夏"十三五"易地扶贫搬迁资金管理办法》等政策文件,为规范易地扶贫搬迁工程建设和资金管理提供了政策依据。联合扶贫办对县(市、区)参与易地扶贫搬迁工作的发改、财政、扶贫、国土等部门工作人员开展集中培训,并结合督查工作,深入相关县(市、区)现场解读"十三五"易地扶贫搬迁政策,推动工程有序实施。

(七)强化监管,完善责任落实制度

自治区政府将"十三五"易地扶贫搬迁工程列为 2016 年度自治区重点建设项目,并与相关部门和各市、县(市、区)政府签订了年度目标任务责任书,将易地扶贫搬迁工作作为各县(市、区)年度绩效考核的重要内容,每月在《宁夏日报》公布工程建设进度和投资完成情况。

为确保易地扶贫搬迁工程建设进度和质量,自治区采取"区、市、县"三级

督查督导的方式进行督导检查,对存在执行政策不严、进度滞后等问题进行通报,并及时召开县(市、区)负责人、相关单位参加的工作会议,对存在的问题限期进行整改;大力推行人大代表、政协委员和群众代表对工程建设质量的监督制度,确保移民群众住上放心房、满意房。自治区发改、财政、扶贫办和平台公司、国开行、农发行组成联合督查组,按月对易地扶贫搬迁政策落实、安置区建设方案编制批复、搬迁对象识别、工程开工建设进展、投资计划执行等情况进行全面督查,及时纠正存在的问题。

（八）落实土地增减挂钩,保障易地扶贫搬迁所需新增建设用地计划指标供给

自治区将易地扶贫搬迁项目纳入土地利用规划,保障易地扶贫搬迁所需新增建设用地计划指标供给。在安排年度用地计划指标和增减挂钩指标时,向易地扶贫搬迁任务重的市、县(市、区)倾斜。支持移民迁出县(市、区)开展城乡建设用地增减挂钩试点工作,在优先保障县内安置和发展所需建设用地的前提下,将增减挂钩节余指标在自治区范围内交易使用,将土地出让收益优先用于投融资主体及项目实施主体购买服务还贷款。对不具备开展增减挂钩条件的,优先安排安置所需新增建设用地计划指标。用于安置移民的土地,由移民安置县(市、区)政府负责征地或置换工作。县内就近安置的原土地承包关系不变。劳务移民,县外安置的,搬迁定居一年后,解除原土地承包关系;县内安置的,原土地承包关系解除期限由各县(市、区)自行确定。小规模开发土地安置的,人均安排1亩水浇地,移民在搬迁时解除原土地承包关系。农村插花安置的由安置县政府在尊重农民意愿的前提下,有偿置换已进城农民的原农村土地承包经营权,人均安排1亩水浇地,移民在搬迁时解除原土地承包关系。

二、2017 年工作打算

按照《宁夏"十三五"易地扶贫搬迁规划》要求,2017 年自治区目标任务

是建设或回购可安置建档立卡贫困人口40000人（10000户）的移民住房。迁出区域为南部地区原州区、西吉县、隆德县、泾源县、彭阳县、同心县、盐池县、海原县8个县（区），均属国家和自治区扶贫开发重点地区。安置区域按照山川统筹、全区一盘棋的思路，在全区5市16个县（市、区）和宁东能源化工基地安置。

按照《宁夏"十三五"易地扶贫搬迁规划》投资标准，并区分不同安置方式，经测算，2017年易地扶贫搬迁共需投资24亿元，其中住房16.1亿元，配套基础设施2.0亿元，公共服务设施2.1亿元，土地权属处置1.9亿元，产业发展0.8亿元，生态建设1亿元，其他费用0.1亿元。资金主要从以下渠道筹措，一是中央预算内投资3.2亿元，二是政策性金融机构贷款19.6亿元，三是移民自筹1.2亿元。

2017年，宁夏回族自治区将坚持进度服从质量，质量服从目标，科学制定易地扶贫搬迁时间表、路线图和行动计划。一是加强协作，确保形成工作合力。进一步健全和完善政策措施，确保移民扶贫工程有法可依、有章可循；加强部门协作，整合社会资源，形成各相关部门协同作战，合力攻坚，齐抓共管的良好氛围。二是优化搬迁形式，确保搬迁效果。协调各部门对于集中安置的配套交通水利设施等予以改善，确保搬迁户的生活环境得到优化改善。对生活困难而又无力搬迁的贫困户，尽量协调相关部门资金，提高扶持标准，统筹进行搬迁。三是妥善安置搬迁户，确保农户安居乐业。对搬迁的农户，由教育、林业等相关部门做好支持，各相关县（市、区）的党委、政府及时地解决好搬迁户子女入学、户籍、通信、用电等方面问题。引导和扶持搬迁户发展特色产业，或从事第三产业，解决生活来源问题。努力实现"搬得出、稳得住、有事做、能致富"的目标，以优异的成绩迎接党的十九大胜利召开。

新疆维吾尔自治区 2016 年易地扶贫搬迁工作进展和 2017 年工作打算

新时期易地扶贫搬迁工作启动以来,在国家发展改革委的关怀指导下,新疆维吾尔自治区切实把思想和行动统一到党中央、国务院关于脱贫攻坚工作的决策部署上,贯彻落实中央扶贫开发工作会议、全国易地扶贫搬迁工作电视电话会议、全国易地扶贫搬迁(贵州)现场会精神和中共中央政治局委员、国务院副总理、国务院扶贫开发领导小组组长汪洋在新疆调研扶贫工作时的重要讲话精神,围绕"搬得出、稳得住、能致富",把易地扶贫搬迁作为决战决胜"五个一批"中的关键一批、首要一役,坚持群众自愿、积极稳妥推进方针,坚持与新型城镇化相结合,紧盯居住在"一方水土养不起一方人"地方的建档立卡贫困人口,扎实稳妥推进易地扶贫搬迁工作。

一、切实履行"省负总责"要求,
扎实稳妥推动易地扶贫搬迁

新疆维吾尔自治区党委、政府高度重视易地扶贫搬迁,切实履行"省负总责"要求,把易地扶贫搬迁作为自治区脱贫攻坚"五个一批""十大专项行动"的重要脱贫措施,多次召开自治区党委常委会、自治区脱贫攻坚领导小组全体会议、专题会议,研究部署、统筹推进,扎实稳妥推动易地扶贫搬迁。

二、全面落实分级负责制,强化推动
易地扶贫搬迁的组织保障能力

建立健全"自治区负总责,地(州、市)抓推进,县(市、区)抓落实、乡(镇)见实效、村(队)齐跟进"五级联动工作机制,明确各层级、各部门责任分工,加强政策引导,严格督促检查,大力开展宣传,切实强化易地扶贫搬迁的组织保障能力。

(一)建立组织领导机构

成立自治区易地扶贫搬迁工作领导小组及其办公室(设在自治区发展改革委),组织推动易地扶贫搬迁工作,研究重大政策,协调解决重大事项;组织开展规划编制、配套政策制定、年度建设计划和资金筹措方案制定、年度资金计划下达、检查指导、绩效考核等工作。确保步调统一、有序推进、稳步实施。地(州、市)、县(市、区)均相应设立了易地扶贫搬迁领导和办事机构,配强配齐干部队伍。

(二)细化联动工作机制

一是建立工作任务承诺制。自治区、地(州、市)、县(市、区)、乡(镇)、村(队)五级层层签订易地扶贫搬迁承诺书,明确各层级任务目标、责任分工,确保层层分解、压实责任、落实到位。二是建立工程进度月报制。定期通报易地扶贫搬迁项目进展情况;对进度滞后、出现偏差的及时印发督办、整改通知,必要时"一对一"进行约谈。三是建立部门工作协同制。明确发改、扶贫、财政、金融、国土等部门任务分工,结合工作推进情况,定期召开联席会议,协调解决搬迁重大问题,确保政令畅通、运转顺畅、精准发力。

(三)常态化开展政策培训工作

结合工作开展情况,下好政策传导先手棋,通过组织开展多种形式的宣讲和培训活动,依托自治区发展改革系统实时视频办公平台,适时将国家、自治区易地扶贫搬迁政策传递给各级有关部门分管领导和具体负责同志,以及各级人民政府分管领导和部分搬迁任务重的村主任。同时,将《"十三五"易地扶贫搬迁政策要点》《新疆自治区"十三五"易地扶贫搬迁政策解读》《国家、自治区易地扶贫搬迁政策明白册》等材料印发到各地。政策宣讲培训活动覆盖了全区 10 个地(州、市)51 个县(市、区)371 个乡(镇),受众达 6000 余人次。

(四)坚持将督查考核贯穿工作始终

为确保政策落地不走偏、政策效应不落空,12 次组成专题调研组赴相关地(州、市)、县(市、区)开展摸底调研、现场抽查、入户核实和项目督查工作;20 次召开由自治区易地扶贫搬迁工作领导小组成员单位参加的联席会议;印发通知 40 余份、召开视频会议 18 次,安排部署阶段性工作并提出具体要求。结合易地扶贫搬迁各阶段工作重点和关键环节,三管齐下组织推动开展工作,健全督查机制,建立搬迁任务台账,定期督查、定期通报,重点检查项目资金使用管理、工程建设进度、建设质量等情况,将易地扶贫搬迁作为脱贫攻坚考核的重要依据,必要时组织第三方进行评估。

(五)多渠道开展宣传工作

依托新疆卫视、新疆日报、天山网等自治区主流媒体,借助自治区易地扶贫搬迁微信群、QQ 群等新媒介,及时发布国家、自治区相关政策信息、文件资料和项目建设进度情况等,扩大易地扶贫搬迁政策知晓面,把易地扶贫搬迁的好政策讲清楚、说明白,切实增强搬迁人口主动自觉参与搬迁的积极性,夯实开展易地扶贫搬迁工作群众基础。

三、探索完善政策设计,统筹协调推动易地扶贫搬迁

以规划方案为龙头,重点从搬迁对象识别、落实国家政策要求、规范资金

管理使用、培育后续发展产业等方面入手,统筹协调推动易地扶贫搬迁。

(一)科学编制搬迁规划

聚焦新疆南疆四地州及地处高寒山区、荒漠边缘等少数民族高度聚集地区,通过吸纳政策文件精神、深入调查研究、广泛征求意见、不断调整完善,印发了自治区"十三五"易地扶贫搬迁规划、专项行动实施方案;年度建设任务按照 2016 年实施计划确定的内容有序稳步推进。

(二)精准识别搬迁对象

始终把"扶持谁"放在首位,结合开展建档立卡农村贫困人口"回头看、挤水分"工作和专项核查清洗工作,对易地扶贫搬迁对象进行多轮次的精准识别,严格履行评选认定程序和公式公告制度,率先组织完成 2016 年度 2.61 万建档立卡搬迁对象的勾选工作,并建立由搬迁户、村委会、乡(镇)、县(市、区)签字确认的纸质档案,以确保贫困户档案信息完整、翔实,将年度计划落实到户、到人。同时,允许各地(州、市)根据实际需要对年度计划落实到户、到人作适当调整,确保计划可行。

(三)严格落实政策要求

一是严格项目建设程序。县(市、区)实施主体立足搬迁任务,从搬迁对象基础信息、安置区(点)选址、建设规划、后续产业发展等方面进行详细论证和规划,经相应地(州、市)级发改部门按相关程序审查批准后实施。在项目实施中,积极推行项目公示制,在安置区(点)设施永久性公示牌,方便群众有效监督;严格实行项目法人负责制、基本建设项目招投标制、工程监理制、政府部门监督制、合同管理制"5 制"管理机制,对项目筹建、施工、竣工及运行管理实行全过程管理。二是严格控制住房建设标准。把住房不举债作为根本出发点,按照"保基本"原则,划定人均住房建设面积不超过 25 平方米的政策红线,坚决杜绝将保障房盖成富裕房,从而发生错误引导群众预期的现象。三是因地制宜合理安置。围绕"挪穷窝"精准搬迁,充分尊重搬迁群众的意见建议,依据地域特色、自然禀赋、民风民俗,因地制宜合理制定多种安置模式和实施方案,差别化设计住房户型;统筹考虑安置区(点)基础设施、公共服务、产业发展、生态恢复等方面的建设,坚决做到易地搬迁与脱贫同步、与基础设施配套同步、与公共服务建设"三同步"。

（四）规范资金管理使用

自治区人民政府授权自治区发展改革委作为政府购买服务主体,根据政府购买服务协议进行融资,通过签订多方协议、制定自治区易地扶贫搬迁资金监督管理办法、易地扶贫搬迁项目资金管理办法等规范约束资金运作。组建自治区易地扶贫搬迁投融资平台——新疆扶贫开发投资有限责任公司,负责筹集管理、承接运作易地扶贫搬迁所需资金,统贷统还融资本息。资金直接拨付到县级平台,实行专款专用、专账核算、物理隔离、封闭运行,确保资金使用安全、监管到位、发挥效应。同时,按照"集中使用、渠道不乱、用途不变、各负其责、各记其功"的原则,整合各类涉农、扶贫资金参与易地扶贫搬迁工程建设,用于配套建设安置区水、电、路、信等基础设施和教育、医疗等公共服务设施,为"三同步"工程实施路径的有效执行提供资金保障,着力提升公共服务保障能力,使搬迁群众搬得舒心、搬得放心、搬得安心。

（五）精准培育后续产业,综合施策"换穷业"

采取以县城、城关镇、特色小城镇、工业园区、旅游区沿线集中安置为重点,结合新型城镇化、新农村建设就近安置,坚持"搬迁是手段、脱贫是目的、产业是路径",引导搬迁群众"宜农则农、宜牧则牧、宜商则商、宜游则游"发展后续产业,扶持2.15万搬迁人口根据各自实际情况,参与特色农业、农副产品加工业、纺织服装产业、旅游业、民族手工业、商贸物流业等特色扶贫产业,有针对性开展就业技能培训,提供就业岗位,实施劳务输出,确保搬迁人口"搬得出、稳得住、能致富"。

一是依托产业园区就近就业实现"换穷业"。依托现有发展基础好、公共基础配套设施完善的产业园区作为易地扶贫搬迁承接区域,为后续脱贫发展提供良好保障,促进搬迁群众尽快实现就地就近就业。例如:喀什地区岳普湖县、麦盖提县充分发挥产业园、物流园等安置点区位优势,鼓励和帮助搬迁户从事非农业生产,帮助搬迁群众稳定从事二、三产业,使每个有条件的搬迁家庭,至少有一人以上进城、进园区务工或自主创业。引导和鼓励搬迁户就近就地就业,实现"出家门、进厂门",从普通农民向产业工人转变。喀什地区巴楚县在县城城南市场南侧建设安置区(点),依托城南现代产业园,为每户规划建设蔬菜大棚、牲畜棚圈、农机具停放坪,并利用平屋顶饲养鸽子等家禽,实现搬迁后多渠道增收。哈密市伊州区提出政府性投资建设项目,80%的劳务用工必须用当地农民工,努力增加贫困户的工资性收入;结合易地扶贫搬迁新建东郊农场扶贫产业园区和交通农场棉花种植基地,在农业搬迁规划区内为每个搬迁群众配置 3 亩地,并通过附近扶贫产业园区吸纳就地就业,每月人均新增收入 2900 元左右,让搬迁农牧民"住得好、留得住、有钱赚"。

二是依托县城、小城镇、中心村发展特色产业实现"换穷业"。依托县城、小城镇、中心村,引导搬迁群众聚集发展,彻底改善搬迁群众的生产生活条件,重点扶持搬迁群众发展设施农业、特色养殖、小商铺、特色旅游等产业。例如:喀什地区岳普湖县搬迁安置点依托小城镇建设设置,将贫困户搬迁至乡政府或主要交通干线周边区域,以建设商住两用房的方式解决搬迁人口后续收入问题。塔城地区托里县在金塔区安置区(点)配套建设畜牧养殖基地,将搬迁下来的农户牛羊以入股的形式入住养殖基地,形成"专业合作社+基地+安置农户"的经营方式,带动贫困人口增加收入。克州阿克陶县依托现代农业示范园安置点的 1000 座温室大棚,通过设施农业种植培训提高搬迁群众生产技能,结合农业示范园务工、劳务输出和承包种植温室大棚等多种方式,促进搬迁对象就业实现脱贫致富。阿勒泰地区青河县阿魏灌区安置点依托小城镇建设,打造特色养殖小区,配套制定优惠土地补助政策(在原有耕地亩数不变的情况下,人均不满 10 亩耕地的农牧民,可享受阿魏灌区补齐 10 亩饲草料地的政策);通过流转农牧民饲草料地的方式,采用"公司+基地+农户"利润分红的产业化模式,充分带动当地农民发展特色种植业。喀什地区巴楚县等县(市)

充分依托当地景区引导搬迁群众发展特色旅游业,发展庭院经济、手工刺绣、特色种植养殖、农家乐、牧家乐等特色产业,实现一年搬迁、两年稳定发展、三年致富的目标。

三是依托口岸进行微创业、劳务输出实现"换穷业"。充分发挥口岸地缘优势助力易地扶贫搬迁,重点扶持搬迁群众发展劳务、运输、餐饮等服务业解决就业问题。例如:克州乌恰县将易地扶贫搬迁安置点建设在吐尔尕特口岸附近,依托口岸便利交通、物流、基础设施等条件,积极引导农牧民从事民族手工艺品加工制作以及开办小商店、小作坊、小饭店、小修理等各类微创业;引导搬迁群众在口岸园区从事货场装卸、物流服务等职业。

四是依托嵌入式发展示范点建设实现"换穷业"。建立各民族混居、互帮互助、产业带动的嵌入式发展模式,解决搬迁群众就业和增收难题,助推脱贫攻坚,增进民族团结。例如:和田地区和田市、和田县依托"十三五"期间农牧民安居新村建设,将易地扶贫搬迁户纳入移民新村进行集中安置。和田市团结新村、和田县和谐新村已经成为全疆各民族嵌入式发展的示范点,建成区水电路气等基础配套设施和幼儿园、学校、卫生院等公共服务设施已基本完备;易地扶贫搬迁依托现有设施建设住房,配套棚圈、蔬菜大棚、林果地等后续产业发展设施,将维吾尔、汉、回等各民族群众进行嵌入式安置,加快发展设施农业、特色林果种植、禽畜养殖,实现户均3亩林果地或户均3亩饲草料地。

四、坚持脱贫与搬迁同步,提前谋划
2017年易地扶贫搬迁工作

进一步贯彻落实中共中央政治局委员、国务院副总理、国务院扶贫开发领导小组组长汪洋在新疆调研扶贫工作时的重要讲话精神、省委主要负责同志"9·17"讲话精神和自治区第九次党代会精神,2017年,新疆自治区将继续按照时间服从质量、搬迁与脱贫同步的要求,进一步推动工作落实。

统筹推进易地扶贫搬迁工作。一是加大工作力度,将2018年搬迁任务提

前到 2017 年实施,力争提前一年完成自治区"十三五"规划搬迁 11 万人的任务;二是坚持易地搬迁依托中小城市、城关镇、特色小城镇、工业园区、旅游区等进行安置;三是坚持易地扶贫搬迁与产业带动、就业创业相结合,充分考虑搬迁户的就业门路和产业发展,帮助搬迁群众"挪穷窝、拔穷根、改穷貌";四是做好新增建档立卡贫困人口搬迁的申报工作,力争在 2017 年易地扶贫搬迁工作中期评估时,列入国家"十三五"搬迁规划支持范围。

做实做细 2017 年各项准备工作。一要继续做好搬迁对象的精准识别工作,进一步督促县级实施主体做好搬迁对象信息数据核查工作,确保精准到户到人。二要因地制宜制定有针对性和可操作性的后续产业发展实施方案,确保搬迁群众有事做、能致富,巩固搬迁成果。

扎实有序推进项目建设。督促有关地(州、市)、县(市、区)严格按照规划和年度实施计划推进搬迁工作,强化项目监管,继续实施全过程监管机制,实行每月进度通报制度,夯实年度建设任务成果。

进一步加大督促检查力度。集中开展督查工作,重点对住房建设标准、工程质量、进度情况、资金使用及管理情况、搬迁群众后续产业发展情况等进行全面监督检查,了解掌握存在的困难和问题,强化督促整改,扎实稳妥推进 2017—2018 年易地扶贫搬迁工作顺利实施。

典型安置区巡礼

河 北 省

承德市滦平县古城川易地扶贫搬迁安置小区

安置区位于滦平县南部,总占地面积647亩。安置区规划建设安置楼房11栋4万平方米,总投资7158万元,重点安置2016年古城川四达沟、西大地、前窝铺、炮手沟四个自然村的易地扶贫搬迁农户344户1193人,其中建档立卡98户350人,同步搬迁246户843人。建筑户型为4层、5层的多层楼房。古城川村依托金山岭长城景区的区位优势实施易地扶贫搬迁,积极引进香港天兆集团对原居住地进行整体开发,建设凤凰谷生态休闲庄园项目,大力发展生态旅游特色产业。该项目计划总投资80亿元,可带动农户400余户,人均增收1500元。

张家口市沽源县九连城镇绿园安置区

安置区位于九连城镇政府东南10公里处,距省道半虎线3公里。2016年计划安置604人,其中建档立卡贫困人口304人,涉及张志营、杨桂圆、大同营、马家卜四个自然村。九连城镇新型社区及现代农业综合开发项目是构筑农业种植、养殖及农业观光为一体的农业生产体系,积极实施藏粮于地、藏粮

上图为迁出区，下图为新建安置小区。

于技战略,大力推动粮经统筹、农林牧结合、种养加一体融合发展,实现生态、经济、社会三大效益。让农民富起来,农村绿起来,农业活起来,真正实现农村永续发展。

上图为迁出区,下图为新建安置小区。

山　西　省

运城市垣曲县易地扶贫搬迁安置区移民新村

安置区位于垣曲县城七一西路北边,规划建设四栋单元楼6层住宅楼,安置搬迁群众144户500余人。目前住房主体工程建设已完成,正在进行配套设施建设。已确定安置搬迁群众93户368人,其中建档立卡贫困人口350人,同步搬迁人口18人,涉及毛家湾镇、皋落乡、古城镇等7个乡(镇)。该小区紧邻工业园区,搬迁群众迁入后,可继续发展核桃、花椒等干果经济林,也可在县城工业园区务工或县城内从事第二、三产业,还可通过学习培训实现自我创业或外出务工来增加收入。

图为新建安置区。

内蒙古自治区

赤峰市林西县五十家子镇东边墙村安置区

项目总投资 516 万元,对无劳动能力、生产生活条件差、居住条件极其简陋的 26 户贫困家庭共 86 人建设易地扶贫搬迁新村进行集中安置,对 43 户 112 人进行分散安置。项目实施后搬迁户原有宅基地将退还行政村,行政村对该部分土地进行复垦。该安置区采用光伏扶贫与移民新村相结合的后续产业发展模式,总装机功率 52 千瓦,户均装机功率可达 2 千瓦,总投资 52 万元,全部来自易地扶贫搬迁工程后续产业发展资金。户均发电量可达日均 10 千瓦时,根据国家电网关于光伏发电项目的电价及补贴,每发电 1 千瓦时可收益 0.88 元,户均每日收益可达 8.8 元,户年均收益 3212 元。

鄂尔多斯市恩格贝镇蒲圪卜村集中安置区

位于恩格贝镇蒲圪卜村恩格贝岔路口南、乌漫线东,安置易地扶贫搬迁建档立卡贫困人口 50 户 134 人,总投资 938 万元。截至 2016 年 12 月底,所有房屋建设已全部封顶,且已装修完毕、分配到户。安置区已建成 2 个大型标准化养殖区,实行村集体主导下的"合作社+家庭牧场"的合作养殖模式,可解决

上图为迁出区，下图为新建安置区。

50户搬迁群众的养殖需求,人均增收可达到6000元以上。同时,借助恩格贝国家4A级旅游区优势,实现农业劳动力就地转移,解决30人的就业。安置区还与神华国华光伏发电项目合作,规划打造蒲新社区光伏并网发电示范小镇项目,该项目可为搬迁农牧户提供年均收益3000元的生活保障金。

上图为迁出区,下图为新建安置区。

吉　林　省

◇◆◇

延边州和龙市南坪镇高岭村安置区

项目总投资 1743.6 万元,共安置搬迁人口 140 户 252 人,其中建档立卡贫困人口为 83 户 145 人。通过入股养貂、养驴等项目参与分红,预计人均可增收 2600 元。通过成立精准扶贫专业合作社、建设光伏发电项目、专业牧场、木耳菌棚等项目,全力推动搬迁户脱贫。

白城市通榆县乌兰花镇陆家村安置区

项目区位于通榆县乌兰花镇陆家村,总投资 9730 万元,建筑面积 2.52 万平方米,包括 5 栋住宅楼和村综合服务中心办公楼、敬老院、幼儿园等,安置建档立卡贫困户 85 户 188 人,同步搬迁人口为 124 户 499 人。计划通过组建劳务工作队带动本村 60 名剩余劳力增加工资性收入,人均可增收 3000 元以上。通过陆家村新村物业(保安、保洁、技工)用工、龙头企业、合作社等可安置 400人就业,年人均劳务收入在 1.5 万元以上。同时,投资建设光伏发电和四季玫瑰园、农家乐等景点以及电商综合服务站等,带动搬迁人口脱贫。

上图为和龙市南坪镇高岭村安置区迁出区，下图为新建安置区。

上图为通榆县乌兰花镇陆家村安置区迁出区，下图为新建安置区。

安　徽　省

霍山县大化坪镇安居苑安置点

位于大化坪集镇茶叶加工贸易园区,2016 年搬迁安置建档立卡贫困人口 32 户 123 人。安置区占地面积 10 亩,新建住房 2966 平方米,总投资 700 万元。镇政府以茶叶贸易园为平台,通过对搬迁人口进行劳动力就业培训并为贫困户和企业牵线搭桥,贫困户可实现就近就业。鼓励引导一部分搬迁贫困户从事茶叶经营、旅游营销、餐饮服务,逐步推动他们走向致富之路。推进龙头企业、专业合作社、示范大户租赁或吸收入股搬迁贫困户山场、茶园、耕地等,实现资源盘活、效率提高和贫困户稳定增收。

临泉县陶老乡早里安置区

项目总投资 909.89 万元,规划用地 19.22 亩,住房建设面积 6225 平方米,安置建档立卡贫困人口 55 户 249 人,人均住房面积 25 平方米。安置区屋顶按每户 3 千瓦的标准统一安装光伏发电设备,每户有 3000 元/年左右的固定收入。安置区附近建一个 1000 平方米的扶贫车间,优先考虑贫困群众用工。同时,村内种植产业合作社已流转土地 1100 亩,搬迁群众可进园务工,每户搬迁对象由一名县、乡干部结对扶持。

上图为迁出区，下图为正在建设的安置区。

上图为迁出区,下图为正在建设的安置区。

福 建 省

南平市延平区夏道镇大窠易地扶贫搬迁集中安置点

　　项目位于夏道集镇所在地,距离南平市区约13公里,距离南平北高铁站2公里。项目总规划用地面积109.59亩,分为A、B两个地块。A地块规划总用地32.64亩,建筑面积2万余平方米,可安置贫困户358户,住房建设有序推进。贫困户搬迁入住后,可依托延平新城工业园区的企业就近就业,通过就业逐步脱贫致富。目前,延平区申请搬迁至大窠安置点的建档立卡贫困人口为234户711人。

图为正在建设的集中安置点。

江　西　省

◆◇◆

井冈山市东上乡爱心公寓安置区

项目总投资437万元,安置建档立卡贫困人口128人。安置区坚持把"搬迁移民、产业扶贫、引农上坡"三者有机结合,按每户不低于一分地的标准,在"爱心公寓"周边平整出空闲地,打造绿色蔬菜家园。在临近的山坡上按每户不低于1.5亩地的标准,种植井冈蜜柚100亩。同时,为每个搬迁户建一个5—6平方米的鸡舍。政府扶持"红卡户"每户1万元的产业发展资金,全部入股惠农宝金融扶贫并按每年15%的保障分红。

瑞金市梦想家园·红都新城进园安置点

安置点位于瑞金市经开区,南临常青大道、西临创业大道、东临龙溪河。项目总投资12000万元,规划用地面积折合71亩,建筑面积62750平方米,共规划设计21栋,住房422套。2016年安置建档立卡搬迁对象为247户1243人。利用安置点地处经开区工业园的有利区域,已安排456人到工业园区就业。同时,安排相关人员到工业园区参加培训,已有422人参加了职业培训,掌握了1—2门实用技术。利用工业园周边的产业,安排有产业技术的移民人员发展脐橙、烟叶、大棚蔬菜等,帮助贫困群众增加收入。

上图为迁出区旧址，下图为新建安置区。

上图为迁出区原貌，下图为新建安置区。

山　东　省

◇◇

临沂市沂南县朱家林安置区

该项目计划总投资 343.5 万元,搬迁 28 户 68 人,其中建档立卡贫困人口 18 户 38 人,全部为集中安置。朱家林村以易地扶贫搬迁和生态艺术社区建设为契机,对老屋老宅进行了改造,打造生态艺术社区,实现旅游与扶贫的完美结合,使全村所有贫困户通过老屋入股分红、参与社区建设、农业产业园务工、香包制作等手工艺品加工、卫生保洁及农家乐经营等多种形式实现增收脱贫。村集体通过土地流转、劳务合作、分红收益等获得收入。通过乡村旅游项目带动,全村劳动力各尽所能、就地就业,全村人均增收 3000 元以上、贫困户人均实现增收 1800 元。

上图为迁出区旧房。

河 南 省

三门峡市卢氏县横涧乡梅苑新村易地扶贫搬迁安置社区

项目区位于卢氏县横涧乡横涧街,占地26亩,总投资4300万元,总建筑面积2万平方米。2016年安置建档立卡贫困人口285户1125人。配套建设水、电、路、文化活动广场、路灯、环保等绿化、亮化、美化基础设施工程。在安置社区对面流转土地110余亩,主要用于贫困户种植农产品。改建劳动力转移就业服务平台,聘请专业人才针对贫困户需求开展实用技术、技能培训。选择兜底农户作为小区保洁员,领取一定工资维持家用。由卢氏昊豫生态卢氏鸡养殖有限公司投资,在车厂等4个村发展卢氏鸡养殖产业,通过"公司+合作社+农户+基地"的模式,带动贫困户发展。

淅川县滔河乡易地扶贫搬迁安置区

安置区位于滔河乡新集镇纬三路与经二路交叉口,统一为徽派建筑风格,规划占地155亩,安置17个村建档立卡贫困人口310户1413人,项目总投资8035.2万元。通过招商建设淅川县食用菌产业孵化园,并在新集镇设立电商服务中心,贫困户可自愿加入,拓宽增收渠道。引进北京杜仲公司建设杜仲深加工工厂,可吸纳贫困户80人就业。搬迁贫困户可在原居住地的坡地发展生态产业,种植黄姜、核桃、枳实、油牡丹等。

上图为迁出区旧房,下图为新建安置区。

上图为迁出区旧房,下图为新建成安置住宅小区。

湖 北 省

◇◇

咸宁市通城县隽水镇东港村易地搬迁集中安置点

安置点位于东港村二组至四组村级公路右侧,距县城约4.5公里,规划占地面积27.77亩,建筑面积4289平方米。其中,首批建设计划迁入28户81人,占地面积4.67亩,建筑面积2167平方米,总投资约187万元。安置点房屋沿东港河西侧一字摆开,以荆楚风格为主基调。为确保贫困户搬得出、留得住、能致富,28户全部以量化折股的形式,在葡萄园基地与香菇基地入股分红,签订协议和发放股权证书,每户每年有2500元的稳定收入。同时也与合作社签订了优先贫困户就近劳务增资协议,便于贫困户就近打工创收。安置点建成后,水电路气网和绿化、亮化等配套设施完善、功能齐全。

保康县寺坪镇岗子村易地扶贫搬迁安置点

安置点位于襄阳市保康县寺坪镇岗子村,占地面积37亩,可安置建档立卡贫困人口35户109人,总建设投资530万元。配套建设了基础设施、公共服务大厅用地,预留菜园、猪栏、公共厕所、健身休闲广场、绿地等生活用地。配套建设8个冬暖式蔬菜大棚、50亩莲藕基地、30亩桃子基地,有20余名搬

上图为新建安置点，下图为安置点配套产业葡萄基地。

迁贫困户常年在蔬菜基地务工,户均增收 2000 余元。投资 174.7 万元建设 218.4 千瓦光伏发电站一座,带动 72 户搬迁户就业,户均可增收 3000 元。

上图为新建安置区全貌,下图为配套建设的蔬菜大棚和光伏电站。

湖 南 省

长沙市宁乡县炭河古城易地扶贫搬迁项目

项目位于宁乡县黄材镇黄材村集镇,项目占地 34 亩,总投资规模 4500 万元,建筑总面积 9695 平方米。爱心大屋以合院、连廊为主,融合人字坡及马头墙,渲染出浓厚的湖湘文化气息,共 20 栋,免费为搬迁户配备简易家具家电,免水电网视费五年,并结合炭河古城景区建设需要,统筹完善千手大屋学校、医院等公共设施配套,供炭河古城周边黄材、沙田、巷子口三镇 113 户原住房条件最差的建档立卡贫困户安置居住。结合全域旅游建设、历史文化资源、两型城镇建设,对搬入的贫困人口给予技术培训,提供资金、岗位和发展平台,引导搬迁户在千手大屋周边流转土地,发展蔬菜、地方特产、手工艺品、农舍客栈等特色产业,实现贫困户搬迁致富。

临湘市羊楼司镇易地扶贫搬迁工作开展情况

项目落户在集镇中心地段,107 国道旁,规划用地 7.8 万平方米,建设住房 478 套,其中贫困户易地扶贫搬迁集中安置用房 57 套。同时,羊楼司镇结合城镇建设和旅游开发,配套建设门楼、广场、垃圾站、停车场、幼儿园各 1 个,

上图为原迁出区，下图为新建成的古城安置区。

以及综合楼、物业管理用房各 1 栋。统一建设 80 多个门店，对接旅游开发和生活服务。投资 3.5 亿元，启动实施湘北楠竹产业科技园项目，可接纳近 3000 人入园生产经营。

图为新建安置区。

广西壮族自治区

❖◇❖◇❖◇❖◇❖◇❖◇❖◇❖◇❖◇❖◇❖◇❖◇❖◇❖◇❖◇❖◇❖

河池市环江毛南族自治县毛南家园项目

环江"毛南家园"属自治区扶贫移民工程示范项目,距县城中心城区约1公里,距河池环江工业园区约2公里。项目规划用地1200亩,总投资约18亿元,分两期实施,计划用3年时间建设安置房约100栋,可安置建档立卡贫困人口2.5万人。后续发展可依靠原有的林业、香猪、菜牛、核桃、中草药、桑蚕、糖料蔗、特色水果业8大产业,河池环江工业园区42家入园企业可优先安置移民搬迁户劳动就业1045人,带动945户4284人实现脱贫。同时,安置区配套建设的商铺由城投公司统一规划经营,将商铺折股量化给搬迁户,五年内经营所得收入按股分红给搬迁户。

贵港市港北区移民搬迁安置小区

项目总投资10590万元,总用地面积56.6亩,总建筑面积40876平方米,建13幢6层住宅楼。安置搬迁对象共376户1651人,其中建档立卡贫困对象1532人,同步搬迁对象119人。根竹镇位于贵港市西面,距贵港市市区6公里,黎(塘)至湛(江)铁路、南(宁)至广(州)高速铁路和324国道贯穿东西,交通便利,是贵港市区连接桂西北的大门。

上图为原迁出区，下图为新建安置小区。

上图为原迁出区，下图为正在建设中的安置小区。

重 庆 市

城口县北屏乡太平安置区

　　安置区地处北屏乡太平社区,总投资4000万元,占地面积140多亩,安置人口115户450多人,其中,建档立卡贫困人口34户109人。该安置区位于县农业园区核心区内,核心区规划面积700多亩,入驻农业企业5家,主要围绕特色种植业与农业采摘观光相结合的现代特色效益农业,安置区内的贫困户以流转土地收取租金、土地入股分红、园区内务工等形式增加收入。同时,依托乡村旅游发展,新建2000平方米游客接待中心暨村公共服务中心,建成大巴山森林人家24户,形成贫困户家门口稳定增收的长效机制。

图为新建安置区全貌。

四　川　省

巴中市恩阳区双胜镇塔子垭村姚家坝安置点

项目总投资共计 350 万元,新建安置房屋 15 套,安置建档立卡贫困人口 53 人。安置区采取"庭院经济+稻鱼工程+乡村旅游"的方式,发展巴山土鸡养殖 10000 只、生猪养殖大户 5 户、肉羊养殖大户 10 户。通过政策引领,回引返乡业主,与成都现代农业有限公司合作,采取"公司+基地+农户"模式,带动发展优质水稻+特色水产品的稻鱼工程 1500 多亩,可实现户均年均增收 8000 元以上。

宜宾市屏山县锦屏镇万涡村安置点

安置点项目总投资 680 万元,位于锦屏镇万涡村一组,建筑总面积 3146.7 平方米,可安置 125 名搬迁人员,其中建档立卡贫困人口 15 户 65 人,配套建设村级"1+6"活动中心 250 平方米。聚居点配套种植茵红李 860 亩,果园技改 2143 亩,全力建设 3000 亩茵红李产业基地,新建 4000 米产业道,安装 70 盏生物杀虫灯。"花田李下,醉美万涡"品牌形象基本树立,微信公众号已开通运行。旅游基础设不断完善,为举办梨花节、李花节、品果节打下了坚实基础。万涡村开办培育农家乐 10 家,乡村民宿客栈 1 家。

上图为新建安置区，下图为安置区配套活动中心。

贵 州 省

黔南州惠水县经济开发区明田安置点

经济开发区位于惠水县城北部,是全省新型工业化示范基地,"511"示范培育园区,目前已入驻企业 244 家,投产 185 家,规模以上企业 89 家,明田易地扶贫搬迁安置点地处经济开发区核心区。该安置点规划安置 2016 年第一批易地搬迁群众 1095 户 4684 人,其中建档立卡贫困人口 3115 人,迁出点涉及 8 个镇(街道)28 个村 58 个组(自然寨)。明田安置点同步规划建设幼儿园、小学、文体广场、社区服务中心等场所,在园区企业开发就业岗位 3600 个(预计到 2018 年可开发就业岗位 8000 个)。通过引资入企、政府购买服务、组建劳务队等方式,实现户均 1.5 人以上就业,转移安排搬迁群众就业 879 人(在经开区企业就业 358 人,外出务工 496 人,自主创业 25 人),户均收入每年可达 2.4 万元以上,人均年收入 5700 元以上。

黔西南州贞丰县者相镇布依绿色家园安置点

项目区位于贵州省首个民族文化旅游扶贫试验核心区,"十三五"规划安置规模为 2062 户 10388 人,总用地面积 1986.23 亩,总投资 9.8 亿元。2016

上图为迁出区干部群众正在商谈，下图为新建成安置区。

上图为位于深山的迁出区，下图为新建安置点全貌。

年第一批搬迁对象涉及 3 个镇 12 个村 38 个组 758 户 3839 人,其中建档立卡贫困人口 2229 人,占 58%。规划人均住房面积 20 平方米。户型分为 80、100、120 平方米 3 种。安置点以全省首个民族文化旅游试验区建设为契机,组织搬迁户参加旅游培训,实现"家家搞旅游,人人当向导"。在绿色家园设立文化创意园区,引导搬迁户在园区开办民族刺绣手工作坊、民族服饰、古法造纸、藤艺、奇石、书画等,将搬迁群众的技艺变成旅游商品,实现增收脱贫。同时,在迁出地成立村级平台公司,鼓励搬迁户以资金、土地入股,发展乡村旅游、花卉、特色农产品等产业,最大限度地提高搬迁户收入。依托文化创意产业园内的入驻企业及周边企事业单位、景区、超市等,就近优先为搬迁群众提供就业岗位。

云　南　省

保山市昌宁县勐统镇长山村易地扶贫搬迁项目

项目总投资 1146 万元,位于昌宁县勐统镇长山村陀螺坪,搬迁 44 户 194 人,其中建档立卡贫困人口 40 户 182 人,通过发展"桑烟"等产业,户均每年可增收 2000 多元。同时,免费向建档立卡贫困户发放能繁母猪 300 多头,成立肉牛养殖专业合作社 1 个,养殖肉黄牛 202 头,按照区域化布局完成 2 个肉牛养殖示范点建设,预计人均年增收 1500 元。在此基础上,着眼"远期产业",重点发展生态与经济效益并重的澳洲坚果产业,新植澳洲坚果 3740 亩,5—8 年后预计人均年增收 2500 元以上。

上图为搬迁户原住房，下图为安置区新址。

西藏自治区

◇◇

昌都市察雅县吉塘镇易地扶贫搬迁安置区

安置区总投资 4869 万元,搬迁安置 4 个行政村 14 自然村共 130 户 515 人,其中建档立卡贫困人口 78 户 325 人。配套建设了藏东藏靴厂、藏东农业示范园、奶牛养殖基地、惠民洗车场等 11 个产业项目,助推吉塘镇建档立卡贫困户脱贫致富。安置点配套设施与吉塘镇小城镇建设接轨同步实施,确保安置点各项配套设施能够及时跟上,让群众搬得出、留得住、能发展。

上图为迁出区旧址，下图为新建安置区。

陕 西 省

咸阳市旬邑县马栏镇金盆移民搬迁安置社区

马栏镇金盆安置社区,位于旬邑县马栏镇金盆村,距县城50公里,距高速路口(咸旬高速)35公里。项目规划面积1000亩,计划搬迁886户(扶贫类118户、避灾类213户、生态类440户、其他类115户)。主要建设项目有居住区和医院、学校、法庭、派出所等市政服务设施,以及商业服务区、停车场及污水处理等生活配套设施,总建筑面积29万平方米,项目预算总投资4.5亿元。安置区按照"园区+园林+家园"的"三园理念",以打造成"关中风情特色小镇""咸阳市乡村休闲度假后花园"和"旬邑县精准扶贫示范区"为目标,结合马栏革命旧址优越的红色资源优势,以红色资源开发为基础,以现代农业产业与旅游产业的融合发展为导向,增加搬迁群众收入。

渭南市白水县李家卓移民搬迁安置社区

安置社区位于县城东环路北段东侧,交通便捷,区位优越。以安置李家卓、刘家卓贫困户为主,同时辐射周边进城入镇搬迁户。项目一期总投资3.1亿元,占地110亩,建设住宅楼14栋,可安置建档立卡贫困人口600户2326

人。配套建设幼儿园、社区服务中心等公共服务设施。项目配套建设 3 万平方米的创业就业商业街区,东侧有现代物流园区、农业产业园区,宜工宜农宜业,可增加 6000 余人的创业就业岗位。

甘 肃 省

天水市秦州区藉口镇安置小区

天水市秦州区藉口镇集中安置区安置上磨、埂子、寨柯等 12 个行政村 1768 户 7803 人,其中,建档立卡贫困人口 365 户 1656 人。项目总投资 386 亿元,建设住房 1768 套约 16 万平方米,配套建设安置区道路、堤防、供水、供热、供电和文化等基础设施。安置区依托现有的四大万亩林果产业基地,大力发展无公害、优质的果品、蔬菜种植产业,带动发展储藏、物流、网店、网商等产业,打造成为秦州区果品、蔬菜交易集散地,增加果品、蔬菜附加值,促进产业升级、群众增收致富。同时,加大劳务培训,转变劳动技能,对山区和林源区富余劳动力开展劳动技能培训,让务工人员从劳力型转为技术型,提高劳务报酬,增加收入。

武威市天祝县松山滩 5 号安置点

安置点位于松山镇东部,计划新建住宅 411 套、日光温室 411 座,并配套建设基本口粮田,水、电、路等基础设施和卫生室、村级综合服务中心、文化广场等公共服务设施,计划安置朵什、东坪、西大滩等 8 个乡镇建档立卡贫困户 411 户 1616 人。项目总投资 10050 万元,用于住房建设和基础设施建设。为

上图为迁出区,下图为正在建设的安置小区。

解决搬迁群众的脱贫发展问题,依托天祝县三洋盛生物发展有限责任公司,在该安置区培育"农户+企业+营销"的特色养殖产业,户均建设 3 亩养殖暖棚,通过产业培育帮助贫困户增收脱贫。同时,把高深山区分散居住的群众集中安置,实行社区化管理,有利于加强社会管理,维护天祝藏区的社会和谐稳定。

上图为迁出区,下图为新建安置区。

青　海　省

海北州祁连县八宝镇冰沟村易地扶贫搬迁安置项目

项目区位于祁连县城水磨路和祁韵小区,项目总投资1332万元,共安置建档立卡贫困人口73户267人。项目结合安置区实际,将搬迁后续脱贫与发展产业、转移就业等专项扶贫行动相结合,通过土地流转、开办农家乐、组织搬迁安置贫困户进城务工等方式提高搬迁群众的收入。同时,安排生态林管护员40名,每人每月1200元,可有效提高搬迁群众的收入水平。

西宁市湟中县易地扶贫搬迁安置项目

项目包括田家寨镇大卡阳、小卡阳、马昌沟易地扶贫搬迁安置项目,位于田家寨镇政府所在地,项目总投资3380.2万元,安置建档立卡贫困人口96户322人。住房户型为砖混结构住房。依托安置区的资源和区位优势,积极发展养殖、中藏药材种植等产业。同时,将产业发展资金投入旅游开发等易地搬迁户资产增值项目,在田家寨镇田家寨村发展千紫缘乡村旅游,形成的资产收益量化分配到户,为贫困户提供更多的增收渠道,带动贫困户增收。通过加大家政服务、园林绿化、保洁等服务行业劳务技能培训力度,引导贫困人口在家门口实现稳定就业,人均增收4294元。

上图为迁出区，下图为新建安置区。

上图为迁出区,下图为安置区。

宁夏回族自治区

石嘴山市平罗县黄渠桥镇移民插花安置点

黄渠桥镇安置点共有建档立卡贫困人口 40 户 203 人。每户配套建设围墙、厕所、太阳能等设施。安置区配套建设水、电、路、文体广场等基础、公共服务设施和产业发展项目。总投资 520 万元。每户搬迁对象按照人均 1 亩的标准配置中等地力的耕地,用于后续发展。同时,根据移民产业基础薄弱、创业就业能力低的实际,编制了产业发展实施方案,并根据移民家庭的实际情况,因户施策,采取宜养则养、宜种则种、宜工则工的原则,支持移民发展产业,增收致富。

上图为迁出区旧址，下图为安置区新貌。

新疆维吾尔自治区

<hr style="border-style: dashed">

阿勒泰地区青河县阿魏灌区安置区

阿勒泰地区易地扶贫搬迁阿魏灌区安置区即阿格达拉位于青河县西南方向,距离青河县城45公里。项目计划总投资4.8616亿元,累计完成投资3.3亿元,安置区861套楼房已通水、电、路、气,配套建设的学校、卫生院、加油站已投入使用。坤元太和、傻小子炒货、梦园驴奶加工厂等一批企业落户灌区,使搬迁贫困户在繁忙季节一天就能收入二三百元。同时,按照易地扶贫搬迁户人均1000元的补助标准,落实专项扶贫资金,引导搬迁农牧民积极发展庭院经济、特色种植养殖、特色手工制作、开办小商店或农家乐等到村入户项目,让群众足不出户就能实现增收。

哈密市伊州区东郊幸福村安置区

安置区位于哈密市飞机场西侧,紧邻312国道,北邻连霍高速公路,距离哈密市14公里,交通十分便利。新村规划总占地面积1047余亩,总建筑面积71664平方米,规划新建住房816套及供排水、电网、道路、绿化、路灯等基础配套设施,可安置建档立卡贫困人口410户1257人。安置区一期工程全部完工,达到入住条件,综合办公楼、学校、组团中心、卫生室已投入使用,水、电、路等其他基础设施也已完工。项目投入资金2.6亿元,回购东郊大枣基地园艺

上图为新建成安置住房，下图为安置区卫生院。

地1.4万亩,人均3亩解决易地扶贫搬迁农牧民产业发展,脱贫措施主要以土地承包资产分红为主;按就地消化的原则,安排贫困户进入环卫、园林、保洁、保安等岗位就业,提高贫困农牧民收入。

图为东郊幸福村安置区。

典型经验做法

贵州省黔西南州
易地扶贫搬迁工作典型做法

◆◇◆◇◆◇◆◇◆◇◆◇◆◇◆◇◆◇◆◇◆◇◆◇◆◇◆◇◆◇◆◇

一、经验做法

（一）理顺政民关系，解决"上热下冷"问题

在易地扶贫搬迁工作启动之初，群众对政策缺乏了解，担心自己的困难得不到重视，因此对易地扶贫搬迁政策反应平淡，出现"上热下冷"问题。黔西南州经过深入调研，探索出一条"提高民意在政府决策中的比重，让民愿成为政府行为的有力导向，把民众获得利益当作政府努力的目标，而不是让民众仅仅成为体现政府任务指标的数字"的路子，逐步理顺政民关系，解决"上热下冷"的问题。

一是扶贫先扶志，实行"压改征"。把过去简单粗暴"压"任务的方式，变为向群众广泛真诚"征"求各种意见的方式，让群众坦陈自己的想法，并启发群众的发展愿望，有效激发内生动力，让群众成为脱贫攻坚的主体，把"要我发展"变为"我要发展"。使政府顶层设计的"最初一公里"和基层的"最后一公里"连成一条线。

二是创新工作方法，运用"五共"工作流程。即与群众共商、共识、共建、共享、共担。通过多轮次深入群众的"共商"，与群众达成"共识"，再与群众

"共建"易地扶贫搬迁项目，最终"共享"发展成果。按照"五共"工作流程，即便在发展中出现了困难和问题，基层党委、政府和贫困群众也能够互相理解，相互支持，"共担"责任。

三是借助各方力量，巧妙利用"撬杠原理"。对数以万计的贫困人口实施大规模易地搬迁，是涉及方方面面的重大社会事件，不能由政府一根柱子支大厦，必须形成合力，促成积极正向的舆论环境，让搬迁群众在心理上获得"支援感"，在行动上有群体"呼应感"。针对搬迁群众普遍存在故土难离和对未知环境的恐慌感等情绪，黔西南州以各级党委、政府、干部和"五人小组"为撬杠，以州县两级为着力点，以乡村两级为施力点，以村中有威望的寨老和退役军人为支撑点，以最有能动性的外出务工青年等乡村能人为激活点，共同创造易地扶贫搬迁有利条件。

四是精准锁定搬迁对象，推行"两会三书六表"。为确保贫困群众识别精准，防止个别群众"走关系"评贫困户，黔西南州在工作实践中形成了"两会三书六表"的方法（"两会"即村民小组会、村民代表会，"三书"即贫困户申请书、脱贫意愿书、贫困户评估报告书，"六表"即精准识别征求意见表、村民小组建议表、村民代表大会建议表、建档立卡登记表、贫困户评估表、省精准扶贫登记表），把确定贫困户的全过程透明化，以公开求公正，以精准求公平。同时，"两会三书六表"也是"契约化"管理的一种方式，让贫困户对自己的决定建立起责任意识，同时也保证了政府行为的规范化。

（二）强化干部主体责任，加强社会合作

狠抓干部主体责任，根据行政区划和贫困区分布，实行"五大战区"制，建立三级指挥部，选派"五人小组"，抓好"四项监督"，组建军民融合脱贫攻坚团和脱贫攻坚青年军，运用"四位一体"机制，确认干部主体责任，调动干部的工作积极性和内在活力。

一是成立"五大战区"，实行"三级联动"。成立由州委、州人大、州政府、州政协、兴义军分区"五大班子"组成"五大战区"，用战区机制确保州级层面明确战役目标。同时，依托党建扶贫云平台，在州、县、乡三级设立脱贫攻坚指

挥部,构建三级一体联动的脱贫攻坚指挥体系,层层签订责任状,制定时间表和作战图,按图销号,确保脱贫攻坚、易地扶贫搬迁任务逐一实现。

二是选派"五人小组",抓好"四项监督"。针对脱贫攻坚力量薄弱环节,打破常规,拓宽思路,在村级组建"五人小组",进村入户开展工作,实现所有贫困村"五人小组"全覆盖,确保脱贫攻坚和易地扶贫搬迁一线力量得到充实,真正发挥"尖刀班"的作用。同时,为确保脱贫各项目标任务落到实处、落到细节,探索形成了"四项监督"机制,即党内的纪检监督、党委领导下的群众监督(民意调查中心)、法治监督和数据监督。

三是建立"四位一体"机制,军民融合攻坚脱贫。全州探索建立了工作目标、岗位责任、激励保障、召回约束"四位一体"的干部管理机制,激活干部创造力,以工作促成长,确保各级干部在脱贫攻坚、易地扶贫搬迁过程中履职尽责。同时,为了动员和凝聚社会各方力量,组建了退伍军人、民兵预备役参与的军民融合脱贫攻坚团和优秀团员青年参与的"脱贫攻坚青年创业军",确保形成全社会参与的大扶贫格局。

(三)抓住核心难题,破解"四难"问题

同全国其他地方一样,黔西南州在易地扶贫搬迁推进过程中也面临着搬出难、稳住难、发展难、融入难"四难"问题。通过"六个搬出",着力解决阻碍易地扶贫搬迁的桎梏,让广大贫困农民享受到了易地扶贫搬迁带来的"获得感""归属感"和主人翁意识。

一是"搬出渴望"。即与群众反复共商,引导群众认清自己的现实处境,多了解外部世界,打开心路和视野,让他们深切认识到,易地扶贫搬迁是拔穷根、解困局千载难逢的机遇,使易地扶贫搬迁真正解决群众所急所愿,让群众越看越想搬,越琢磨越觉得尽快搬出才能尽早脱贫,着力解决"搬出难"的问题。

二是"搬出文化"。在实施易地扶贫搬迁中,当地政府专门对搬迁区的传统民族民间文化技艺和艺术进行统计分类,记录保存。借此,让搬迁群众依靠民族文化资源展开文化产业创业,增加就业机会。这些民族文化传统遗存就是山区人民的"精神家园"，他们搬离山里故土之后，传统文化资源会跟随他们进城，让他们保持生活文化的连续性，为新家营造"故土感"，抚慰他们的"乡愁"，有助于稳定他们的迁居心理。

三是"搬出产业"。大规模易地扶贫搬迁最难解决的是搬出人口就业问题。当地政府采取以产带迁、以产定迁、以迁促产的做法，解决就业难、留不住等问题。以产带迁，即通过努力创造就业机会来带动搬迁。以产定迁，即搬迁工作做到量体裁衣，迁入地有多大的产业发展前景、可创造多少的就业机会，就搬入多少人口。不搞盲目的聚大堆搬迁。以迁促产，当地政府因势利导发展新产业，促进民众自发创业，为搬出人口创造就业机会。

四是"搬出尊严"。长期处于贫困状态的群体容易产生自卑心理。政府的一项重要工作就是加强对搬迁群众的思想教育工作，让他们不要有穷人"投奔"别人的心理，不是去依赖什么，而是要在新环境中堂堂正正地寻找自己的发展机会，在新前途中找到自身的价值，树立有志者的自尊。

五是"搬出动力"。利用易地扶贫搬迁创造本地发展的新生力量，让易地搬迁成为搬迁户改变命运的新契机，自身发展的新起点，激发贫困户的新活力，社会发展的新动力，而不再是大山深处的受穷者。

六是"搬出秩序"。从三个层面处理"搬出秩序"问题。首先，政府严格管控。易地扶贫搬迁涉及大量人财物，政府严格管控，保证所有扶贫资源都清楚、完整用于贫困人民和扶贫事业。其次，依法搬迁。制定出台符合黔西南实际的地方性法规，依法对群众、企业、政府进行界定，保障各方利益。运用法治思维和法治方式，统筹搬迁工作，有效化解矛盾，维护稳定，保证易地扶贫搬迁依法依规，快而不乱，有序推进。再次，搬入地社会秩序建设问题。政府既要加速城市公共设施建设，提高公共服务水平，也要努力提升城市的现代管理能力。把党建系统、居民自治、文化组织、法治体系、民族传统关联体等元素，都融入到移民新社区的建设和管理中。在搬入地开办"社区课堂"，引导搬迁户逐渐理解城市公共生活规范，更快融入并适应新的生活环境。

二、几点启示

角度决定宽度,思路决定出路。黔西南州将易地扶贫搬迁当成可持续发展的重要机会和发展新路径的定向开局,而不是当成一个"运动式"的短期行为或是达成指标就完事大吉的具体任务来部署和推进,将绿色发展、提高城市化水平和推行农业现代化为契机融入易地扶贫搬迁过程中,走出了一条可推广、可学习借鉴的路子。

(一)把易地扶贫搬迁当作保护环境、发展绿色经济的契机来抓

黔西南州山大、沟深、坡陡、土层薄,石漠化严重,极易发生水土流失,环境承载力弱。易地扶贫搬迁把大批散居深山区的农民集聚到城里,大面积消除了广种薄收的农业生产活动对生态环境的干扰破坏,使政府可以更为合理地规划和实施环境保护工作,构建绿色发展的长效机制,依托绿水青山,大力发展生态经济和旅游经济,让"绿水青山"变为"金山银山",谋求绿色崛起。

(二)把易地扶贫搬迁作为提高本地城镇化水平的契机来抓

黔西南州城市化率很低,城市数量少、规模小、实力弱,公共服务建设投入严重不足。本地城市化借助易地扶贫搬迁的强劲"东风",迅速聚集城市(城镇)人口,扩大规模,并由此产生积聚效应,充实城市内容,提高公共设施利用率,增加城市自我服务内涵和自我生长潜力。同时,易地扶贫搬迁也创造了城市化建设的诸多商机,政府可以通过合理引导,促进以市场化为基础的城市建设新机制的建立,最终加快构建新的城市化增长极。

(三)把易地扶贫搬迁当作发展农业现代化的契机来抓

利用易地扶贫搬迁引导农民进城定居,为发展城郊农业提供丰富的人力资源,促进"城郊农业产业体系"的规划建设。具体做法是:首先,在城市下风

下水区域和不挤占市政交通空间的前提下，靠近移民社区规划专门区域，建设"城郊种养园区"，发展小投入的种植养殖业，以实用耐用为原则，建设简易大棚、小体量饲养圈舍等，适合于一个人到数个人参与劳动的规模。其次，与进城农民"共商"，在充分了解他们进入园区的意愿、要求基础上，设计产业设施的体量和使用方式。最后，让"城郊种养园区"管理规范化，建立准入标准和退出制度。

四川省巴中市易地扶贫搬迁工作典型做法

◇◆◇◆◇◆◇◆◇◆◇◆◇◆◇◆◇◆◇◆◇◆◇◆◇◆◇◆◇◆◇◆◇

巴中地处秦巴连片贫困地区,贫困面大、贫困程度深,住房安全和脱贫致富问题十分突出。截至 2015 年年底,仍有约 5.2 万贫困农户住房困难。为此,巴中市把易地扶贫搬迁作为脱贫攻坚的头号工程,早准备、早启动,2016 年全面完成计划实施的建档立卡贫困人口住房 10909 套,38594 人住进了新居。

一、聚焦搬迁政策,确保"搬得准"

(一)搬迁对象要求精准

重点针对安全隐患区、资源匮乏区、基础配套艰难区等"一方水土养不起一方人"的贫困户,采取"三看三评三审"(看区域环境、看扶贫成本、看房屋状况,院户评、村组评、村民大会评,乡镇初审、县区复审、市级审定),精准识别,锁定"十三五"易地扶贫搬迁对象 52245 户 182479 人。

(二)执行政策要求精准

按照"不超标、不豪华、不闲置"的搬迁原则,严守政策底线,确保建成的房子有人住、当年建设当年入住。一是绝不允许人均住房建设面积突破25平方米，或变相扩大住房面积；设定最大住房建设面积"高限"，6人户以上家庭住房，也不超过150平方米。二是绝不允许出现建档立卡贫困户自筹资金突破1万元，防止因搬迁举债影响脱贫。三是建立了跟踪稽察制度，细化了50余项稽察内容，做到跟踪稽察常态化，确保易地扶贫搬迁各个工作环节执行政策不走样。四是主动接受社会监督，在搬迁住房显要位置张贴"巴中市易地扶贫搬迁明白卡"，公示搬迁对象姓名、家庭人口、搬出搬入地、建房面积、住房成本、补助标准、农户自筹、建房模式和开工、竣工、入住、预脱贫时间等内容，广泛接受社会监督。

（三）规划选址要求精准

顺应城镇化发展进程，将易地扶贫搬迁与巴山新居建设统筹谋划，将选址安全与可持续发展一并考虑，突出"三靠五进六不选"（靠园区、靠景区、靠产业基地，进城区、进集镇、进社区、进乡村旅游区、进中心村和聚居点，有地灾隐患的不选、纳入生态功能区的不选、无发展后劲的不选、基础难改善的不选、上学就医难的不选、群众不满意的不选），让群众搬到好地方、住进新家园。对南江县柳湾乡田坪村、通江县空山乡青龙村五社六社，由于自然条件十分恶劣，人口十分分散，自然资源十分匮乏，实施了整村整社易地扶贫搬迁。

二、聚焦五大难题，确保"搬得顺"

（一）突出群众主体，解决等靠要难题

针对群众担心的"选址是否满意，户型是否适用，质量是否放心"等问题，在迁、建、管各个环节充分发挥群众主体作用。一是搬迁方式群众定。按照"政府引导，群众自愿"的原则，由群众自主选择搬迁安置方式（2016年集中安置21146人，分散安置17448人）。二是规划方案群众议。遵循"山水相融、田园意境"主题,采取院落式、组团式、自由式等规划布局形式,统一设计出经济适用、美观好用、经久耐用、顺应民俗的具有川东北建筑特色的多户型民居图纸,提交村民大会审议比选,房屋户型群众自选,既杜绝了无规乱建,又避免了户型"一刀切"。三是建设模式群众选。有建设能力的搬迁户,自主选择统规自建、统规统建、统规联建方式;对无自筹能力的特困户,由政府统筹保障。四是工程质量群众管。在市、县、乡统一监管的基础上,加强农村建筑工匠培训,组织施工人员持证上岗,每个安置点由群众公推1—3名有房屋建设专业知识的搬迁农户代表参与现场监管;项目竣工时,组织村民代表测评验收;项目建成后,通过"一事一议"制定管护制度,落实管护责任,确保建得成、管得住、用得好。

(二)用好用活政策,解决资金筹集难题

深入研究金融、国土、财政等各项政策,在全省率先与农发行成功对接易地扶贫搬迁信贷资金39.99亿元,提早启动了全市2016年易地扶贫搬迁安置点建设,开工及建设进度走在全省前列;率先与成都市高新区管委会成功交易城乡建设用地增减挂钩节余指标4500亩,实现收益13.275亿元,开辟了政策补助资金和还贷来源新路。制定出台《巴中市统筹整合使用财政涉农资金管理办法(试行)》,刚性整合55个财政涉农项目、整合资金55.85亿元,集中用于易地扶贫搬迁等脱贫攻坚重点项目。

(三)实行差异化补助,解决不平衡难题

在精心调研反复验证的基础上,根据搬迁农户自愿选择的进市、县城区,进重点集镇,进中心村聚居点、产业园区、乡村旅游区,投亲靠友等不同安置方式,实行人均3.5万元、3万元、2.5万元、1.75万元四档住房搬迁分类补助,确保每户贫困户搬迁建(购)房自筹资金不超1万元,防止自筹资金过高,加重搬迁户负担,影响其脱贫。剩余易地扶贫搬迁政策性补助资金统筹用于基础设施、公共服务,确保人人得惠、户户安居、村村受益。对同步搬迁户,实行"一免二补三贷",免收同步搬迁户聚居点配套基础设施、公共服务设施投资;激活城乡建设用地增减挂钩等政策,多元整合投入17.7亿元,给予同步搬迁户适量住房资金补助；向银行贷款41.5亿元，解决同步搬迁户自有建房资金不足问题，支持5.28万户非贫困户同步实施搬迁，有效化解同步搬迁攀比矛盾。春节时，已搬迁至平昌县六门乡太兴村"魏家大院"的70岁老人魏美康，亲笔写下春联"吃好饭不忘邓小平，住好房牢记习主席"。

（四）创新建房模式，破解面积标准与实际需求难题

针对农户生产生活习惯、存放农具和粮食需求与"人均不超25平方米建房面积"的具体矛盾，巴中市创新建房模式。对多人户住房实行双层设计，暂建一层，预留一层续建空间，满足稳定脱贫后的扩建需求；对1—2人家庭住房，联拼联建三合院、四合院等川东北民居，既节约占地面积，又降低建房成本。灵山镇关路村土门子安置点的吴永祥说："我看哪，现在搞这个易地扶贫搬迁，政府的同志办自己的事恐怕也难得这么上心，不违背政策不说，还要让我搬得满意，真是不简单。"

（五）完善建设内容，解决生产生活配套难题

坚持住房与产业、基础设施和公共服务统筹实施、整体推进，在合规前提下采取一次性集中招投标方式建立易地扶贫搬迁中介服务机构和施工企业储备库，或采取打捆招标、比选等竞争方式，优选专业施工队伍，配备规建技术员全程技术指导，确保所有安置点"五通六有"（通路、通电、通水、通电视、通通信，有产业基地、有活动场地、有购物中心、有卫生室、有文化站、有垃圾收运点），有效解决了"留不住"的问题。

三、聚焦稳定增收，确保"搬得富"

（一）多渠道就业促工资性增收

突出就业脱贫，根据搬迁群众个体情况，通过园区景区就业、搬迁聚居点

服务岗位就业、进入城镇从事服务业、依托金融扶贫自主创业就业、参加技能培训劳务就业等方式,做到人人有事做、有钱赚。2016 年,在全市建档立卡贫困户有劳动能力的人口中,就业培训覆盖率高达 87%,其中,落实贫困人口产业扶贫培训 29358 人次、组织就业技能培训 29274 人次、岗位技能培训 17820 人次、劳务输出 14015 人,劳动力就业率达 95% 以上。

(二)产业带动促生产性增收

突出产业先行、产村相融,壮大茶叶、核桃、巴药及生态养殖等主导产业,积极拓展生态旅游和休闲农业等新业态,构建绿色产业体系。在每个搬迁片区,至少引进培育 1—2 个具有引领性、带动性的龙头企业、专业大户、家庭农场等新型经营主体,优先把搬迁对象纳入产业链条,保证搬迁户原有土地、山林通过流转或自主经营发展产业,实现增收致富。2016 年,全市 85% 的搬迁户实现了依托产业增收。

(三)增量奖补促政策性增收

对年度预脱贫对象,按人均 1000 元下达产业扶持奖补资金到乡(镇),推行"增量奖补法":每户每增种 1 亩粮油作物奖补 100 元,增种 1 亩经济作物奖补 200 元,增养家畜家禽按头(只)奖补,资金通过"一卡通"直拨到户,最大限度调动搬迁对象发展增收致富产业的积极性、主动性,激发了群众搬迁的自觉性。

(四)盘活资源促资产性增收

通过一事一议、资源调换等方式,帮助搬迁户配置基本生产生活资源,确保有菜地、有发展空间,权属随人走、搬迁不失利。深化人、地、林、房、钱和集体资产"六个盘活",变资源为资本,变资源为财产。率先在易地扶贫搬迁村实施集体资产股权量化、市场经营,将财政性支农经营资产转化为村集体新增资产,搬迁贫困户配股 40%、所有农户配股 40%、集体持股 20%,搬迁贫困户"双轮持股、二次分红、脱贫退股、滚动发展",增加群众股本收益。对无创业就业能力的,通过土地入股分红、最低生活保障、医疗教育救助等政策兜底到户到人。

湖北省十堰市易地扶贫
搬迁工作典型做法

十堰市委、市政府高度重视易地扶贫搬迁工作,主动作为,自我加压,扎实做好前期各项基础工作,积极为安置点开工建房创造条件,结合十堰市实际全力打造"六个坚持"的十堰模式,易地扶贫搬迁取得了阶段性成效。目前,十堰市各地安置点建设已全面铺开,截至2016年12月底,全市已开工建设集中安置点2074个,超计划的34.2%;已搬迁入住(落实"交钥匙"工程)44116户128764人,其中集中安置30306户83606人,分散安置13810户45158人,全市完成总投资60.9亿元。十堰市在计划搬迁数和实施完成数上均位居全省前列。

一、坚持领导上阵,市县两级同部署

十堰市新一轮建档立卡贫困人口存量为84.68万人,减去2014年和2015年已脱贫以及最终需保障兜底的贫困人口,全市未来3年要完成57万人的脱贫任务,通过易地扶贫搬迁可以解决36万人的脱贫问题,占比63.2%。市县两级将易地扶贫搬迁工作作为脱贫攻坚的重中之重,同安排、同组织、同推进。一是层层安排部署。先后召开3次市委常委(扩大)会、1次全市推进会和1次全市现场督战会,对易地扶贫搬迁工作进行专题研究和安排部署。各县

(市、区)也分别召开县委常委会、政府常务会、四大家联席会、全县推进会等会议,对易地扶贫搬迁工作进行全面部署。二是市级领导带头调研。围绕解决房屋面积、建房举债、统规统建和新老政策衔接等"四大难"问题,市委、市政府组织 42 名市级领导分赴各自联系点,开展专题调研,释疑解惑,增强基层干部信心。三是"四级联动"宣传培训。实行市宣讲培训到县级领导和市直工作队、县宣讲培训到乡镇和县直工作队、乡镇宣讲培训到村组干部、村宣讲培训到党员群众"四级联动"的办法,对市县乡村 4 级干部进行分层培训,充分运用各种舆论媒体和有效宣传形式,深入细致地宣传易地扶贫搬迁政策,做到宣传到村、动员到户、明白到人。市县两级先后组织政策培训会 20 场次,镇村两级召开干部群众政策宣讲培训会 2000 多场次,印发宣传资料 15 万份,入户宣传率 100%。

二、坚持对象精准,扣好纽扣强基础

在全省率先下发《关于开展易地扶贫搬迁对象精准认定锁定工作的通知》,明确了易地扶贫搬迁对象的认定条件、认定原则、认定方法和工作要求。各县、市、区在省扶贫办初次分配的搬迁对象规模基础上,按照"宣讲政策、贫困户申请、入户调查、群众评议、村级审核、乡镇申报、县级审批、三榜公示、台账管理"的工作程序,采取"5 个结合"(对象认定与搬迁安置规划相结合、与脱贫规划相结合、与宣讲政策相结合、与确定帮扶人相结合、与算好资金账相结合)办法,对有搬迁意愿的建档立卡贫困户进行逐户核实,确保有搬迁意愿的一个不落、不符合搬迁条件的一个不进。搬迁对象锁定后,按照"五个一"的标准(每个搬迁户都有一份申请书、一份基本信息表、一份搬迁协议、一份政策明白卡、一套合法证件)建立纸质档案,完成信息采集、数据录入和分类登记工作,做到村有册、乡有簿、县有案,一户一档。6 月 10 日,各县(市、区)已将对象锁定结果上报省扶贫办,全市共精准识别易地扶贫搬迁对象 122983户 362728 人。

三、坚持规划引领，优化户型守底线

十堰市坚持从实际出发科学制定好规划并不断加以完善，做到以规划指引搬迁、引领脱贫、引导建档立卡贫困户改变住房观念，做到任务到县、计划到年、布局到点、落实到户。一是"四规同步"抓规划。坚持"十三五"易地扶贫搬迁总体规划、2016年实施计划、安置点规划和搬迁户脱贫计划等4个规划（计划）同步考虑、同步设计、四位一体。二是"三个结合"抓规划。坚持与"十三五"经济社会发展规划相结合、与土地利用和城镇发展等行业规划相结合、与精准扶贫脱贫攻坚相结合，以易地扶贫搬迁规划统领新农村建设规划、中心村建设规划、集中安置区规划、整村推进项目规划、住房户型设计规划、产业发展规划。三是"三个围绕"抓规划。坚持围绕精准识别搬迁对象、围绕村庄建设、围绕产业发展抓规划，以安置点为基本规划单元，统筹考虑村庄布局、基础设施、公共服务、产业发展、生态恢复等内容，在规划层面实现搬迁与脱贫同步、与基础设施配套同步、与公共服务建设同步。四是"四种户型"抓设计。全市先后4次召开专题会议研究房型设计，按照人均建房面积不超过25平方米和4种户型面积标准（50平方米、75平方米、100平方米、125平方米），确定了30多种房型设计方案供县、市、区参考。各地在房型设计上充分考虑传统文化习俗，尽量做到简洁、实用、方便，符合群众生活习惯，让群众满意。

四、坚持科学安置，因地制宜挪穷窝

全市按"五个统一、拎包入住"要求，探索出5种具有十堰特色的安置模式。一是拆旧腾院空间集中安置模式。依托农村新型社区建设，安置点选择尽量利用水、电、路、网等公共服务配套完备的老村庄、老院落、老校舍，既避免占用基本农田和耕地，又节约了基础设施配套建设资金，还解决了同步搬迁户的需求。二是依山就势保生态连片安置模式。依托美丽乡村建设，依山傍水，分散建房，相对集中连片，统一格调，建设生态宜居安置区。三是进城镇园区就业分散购房模式。依托城镇化建设，引导搬迁户在基础设施和公共服务较好的城镇、园区购买商品房，通过便利就业，改善生活条件。四是依托生产资料和特色产业就近安置模式。围绕致富产业，将安置点选在产业基地周边，发挥龙头企业和专业合作社带动作用，让搬迁户既可流转土地入股，又可在基地务工获取收入。五是公租零租保障房安置模式。对农村特困户和五保户，统一建设产权归集体所有的安全保障房，实行集中安置和供养。

五、坚持脱贫同步，因户施策换穷业

全市在实施"交钥匙"工程的同时，统筹考虑并妥善解决搬迁户的生产生活问题，针对搬迁户致贫原因一户一规划、分类施策，探索出6种扶持搬迁户后续发展的途径。一是利益联结，藤上结瓜。签订政府、市场主体、银行机构、保险公司和搬迁户五方协议，制定完善支持政策，大力培育扶贫龙头企业和农村专业合作社，通过土地流转建设搬迁群众参与度高的特色种养业基地，带动搬迁户通过土地流转得租金、基地务工得薪金、种植养殖产品保护价收购得现金，让其在产业链上稳定增收致富。丹江口市湖北北斗星生态农林开发有限公司采取"公司+基地+合作社+农户"的模式，吸纳358户贫困农民入社，搬迁群众既获得土地流转金又挣得打工收入，户均年收入1万元以上。二是转移就业，劳务输出。大力实行"订单式""定向式"技能培训，促进搬迁户尽快实现就业；鼓励本地企业优先吸纳搬迁户劳动力就业，对吸纳一定比例且长期稳定就业的企业，适当减免地方税和税收地方留成部分；组织开展易地扶贫搬迁户劳动力务工情况的摸底调查，建立输出地政府与输入地政府、接纳企业的对接联动机制，支持务工人员长期稳定就业。郧西县积极与广东省广州市、深圳市、东莞市、佛山市等地开展对接，制定出台交通补贴、求职补贴等支持贫困户外出务工稳定就业的16条政策。先后举办劳务对接招聘会4场，256户贫困户已签订劳务录用协议书。三是入股分红，化解风险。在不改变用途前提下，将扶贫产业扶持和搬迁户贴息贷款资金入股市场主体，获取保底分红加利润提成收益，降低贫困户分散经营市场风险。房县土城村成立黄酒专业合作社，采取"公司+合作社+农户"模式与庐陵王酒庄合作，吸纳103户贫困户入社、58户入股。2015年合作社获得红利20万元，股东分红12万元，贫困户最高分红4240元，加上企业收益分红，最高获利1万余元。四是资产投资，村户收益。在不改变用途前提下，将搬迁资金、产业扶贫资金、部门整合资金用于光伏发电、建设标准化厂房、修建或购买商业门面等项目，并把项目资产量化分配到搬迁户和村集体，通过资产投资收益增加贫困村和搬迁户收入。五是乡协认领，帮扶脱贫。以乡情为纽带，以扶贫村为单位，以外出创业成功人士、本地致富能手、在职干部职工、离退休老干部为会员，组建互助性的社会组织，通过结对帮扶、捐资助贫、兴办产业、村企共建等方式，帮助贫困群众脱贫致富。郧西县已有15个村组建了乡亲扶贫协会，会员800多人，不到半年时间，招商引资、协议投资近亿元，到位资金3000多万元，组建专业合作社25家，家庭农场6家，带动1000多户贫困户就近就业实现增收。六是以奖代补，激励脱贫。鼓励搬迁户积极参与"大众创业"，通过以奖代补、国家税收优惠政策、贷款贴息等方式支持自主创业。

六、坚持细化节点，完善机制抓落实

各地积极完善工作机制，坚持细化节点、倒排工期，确保圆满完成全年目标任务。一是组织保障机制。市县两级都成立了易地扶贫搬迁领导小组办公室（工作组），建立了主要领导负总责、分管领导具体抓，一级抓一级、层层抓落实的工作机制。市县乡村四级对照2016年搬迁目标任务层层签订目标责任书，采取党政同责、县乡同责、单位与驻村干部同责"三同责"的办法，逐级压实责任，确保领导力量和工作力量到位。二是挂图作战机制。各级各部门按照军事化管理要求，围绕目标任务绘制易地扶贫搬迁作战图，制定时间表，实行挂图作战、看图指挥、梯次推进、按图销号，做到"搬迁对象、搬迁模式、搬到哪里、建成啥样、能否脱贫"五个心中有数。三是协同配合机制。市县两级职能部门坚持"三个纳入"（把易地扶贫搬迁纳入年度重要工作计划、纳入资金安排计划、纳入项目实施计划），打破常规，特事特办，在保证质量、要件齐全（规划建设、工程标准）前提下，开辟绿色通道，简化办事程序，优化审批流程，做到程序服从项目建设进度，提高工作效率。四是项目管理机制。各地出台易地扶贫搬迁项目《工程建设管理办法》和《项目资金管理办法》，坚持项目法人责任制、招投标管理制度（竞争性谈判）、资金限标包干制度、工程监理制度和群众监督等制度，采取"双签"办法（施工单位与镇村签订《安全生产责任书》、与搬迁户签订《工程质量承诺书》），由搬迁群众代表和工程监理单位共同组建质量安全小组，全程参与工程监管；实行新建房屋与搬迁户"一对一"，在房屋动工建设前确定每个搬迁户在安置点的对应房号，防止工程竣工后因住房分配产生矛盾纠纷；对搬迁贫困户实行一户一档，明确档案的 10 项内容，因户规范管理；加大公开公示力度，凡是在易地扶贫搬迁资金使用上出现问题的，从严追责，通过对项目资金实施严格管理，确保项目施工安全、质量安全、资金安全、干部安全。五是督办问责机制。将易地扶贫搬迁纳入全市重点工作督办内容，成立 7 个专项督查组，一月一督查、一月一通报，对落实不力、工作滞后的单位和责任人启动问责程序；每月选定一个县、若干乡镇召开督战会，开展现场拉练，全年实现县市区全覆盖；研究出台《十堰市易地扶贫搬迁工作考核办法》，考核结果计入年度精准扶贫工作成效考核体系，作为干部提拔使用的重要依据，对工作不力的县、市、区和部门实行"一票否决"，取消评先资格。2016 年以来，市委、市政府已开展易地扶贫搬迁专项督查 7 次，下发《全市易地扶贫搬迁工作情况通报》12 期，约谈县市区党政主要领导或分管领导 5 人（次）。各县市区坚持工程进度"月报制"、项目建设和包点干部"双线考核"制度，采取"日报告、周通报、旬督办、月考评"的方式，对乡镇易地扶贫搬迁工作进行现场督导。

山东省沂蒙革命老区易地
扶贫搬迁工作典型做法

新时期易地扶贫搬迁工作开展以来,按照中央和山东省委、省政府部署要求,临沂市委、市政府高度重视,将其作为沂蒙革命老区脱贫攻坚"孟良崮战役"的"一号工程",按照"走在前列、带个好头"原则要求,周密组织实施,凝聚各方力量,创新工作方法,推动易地扶贫搬迁取得了扎实成效。2016 年,已有6629 人通过易地扶贫搬迁入住新居,其中建档立卡贫困人口 1567 人。2017年,还将有 8753 人通过搬迁入住新居,其中建档立卡贫困人口 2909 人。

一、强化组织领导,凝聚易地搬迁强大合力

按照"中央统筹、省负总责、市县抓落实"的总体要求,临沂市委、市政府坚持把易地扶贫搬迁作为一项重要的政治任务,将脱贫职责牢牢扛在肩上,把脱贫任务紧紧抓在手上。一是夯实主体责任。切实加强组织领导,市政府成立了分管市长牵头,发改、扶贫、财政、国土等职能部门负责同志组成的领导小组。承担易地扶贫搬迁任务的沂水县、沂南县、费县均成立了由县委书记、县长担任组长的领导小组。三县整合县、乡、村三级力量,保障责任得到不折不扣的落实。二是凝聚多方力量。充分发挥党支部战斗堡垒和党员先锋带头作用,在算好自身搬迁账的同时,耐心细致帮助搬迁群众算好他们的搬迁账,形

成了一茬接一茬拆旧、一茬接一茬搬新的良好局面。实行机关干部包村、村干部包片、党员包户，做到上级政策落户生根，下级需求回复有声。在这个过程中，有的干部与搬迁户成了"好亲戚、好朋友"。针对资金筹措难的实际，三县农商银行推出了"富民农户贷"和"富民生产贷"信贷产品，主要用于种植业、养殖业、农产品加工等项目的扶贫贷款。三是放大示范引导作用。实施易地搬迁过程中，因地制宜培育示范样板，对全市扶贫面上工作起到了"四两拨千斤"的引领作用。费县崔家沟村原来是当地有名的贫困村，全村 530 户 1670 人，其中建档立卡贫困人口 260 户 768 人，贫困人口占了全村人口的近一半。通过实施易地扶贫搬迁，在镇驻地建设了 16 栋楼房、1 栋服务中心、50 套老年房组成的现代化新型社区，实施了绿化、亮化、安防工程，配套建设了超市、学校、卫生室、银行，实现了暖入户、气上楼、饮水达标和环卫保洁市场化，实现了 260 户贫困户零负担入住，270 户随迁户最大优惠入住，最大户型负担不超过 3 万元，2016 年上半年 1670 名村民全部一次性整体搬迁入住。易地搬迁带来了诸多意想不到的效果，大龄"剩男"娶上媳妇成为最典型的成果之一，原有的 28 个大龄男青年，如今已有 27 个娶上了媳妇，成为全市有名的易地搬迁示范标杆。

二、坚持问题导向，保障易地搬迁项目建设

为按期圆满完成《山东省"十三五"易地扶贫搬迁规划》和市、县易地扶贫搬迁实施方案确定的各项任务目标，临沂市委、市政府坚持问题导向，紧扣时间节点，倒排工期，挂图作战，尽早为搬迁群众建成幸福暖巢。一是优先落实建设用地。针对项目建设用地落实难的问题，各县在充分尊重群众意愿的基础上，为易地搬迁用地审批开通绿色通道，通过群众间承包地兑换、土地流转，以及无偿划拨、增减挂钩、有偿征用等多种方式解决安置区用地问题。市国土部门针对易地搬迁制定了专门方案，将 35 个易地搬迁村全部列入增减挂钩项目。2016 年 11 月 26 日，全省国土资源易地扶贫搬迁现场会在费县召开。费

县两个搬迁村拆旧规模1386亩,节余增减挂钩指标1141亩。二是充分整合项目资金。对省级层面出台的《山东省易地扶贫搬迁省级财政补助资金管理办法》《山东省易地扶贫搬迁中央预算内投资管理办法》《山东省易地扶贫搬迁专项建设基金监督管理实施细则》《山东省易地扶贫搬迁项目融资资金管理办法》,市、县政府紧密结合易地搬迁实际,进行创新性的落实。根据易地搬迁安置区基础设施和产业配套等需求,按照"渠道不乱、用途不变、相对集中、配套使用"的原则,将易地搬迁建设基金、中长期贴息贷款资金等全部用于安置区建设。三个县都制定了《2016年统筹整合涉农资金扶贫项目规划方案》《政策性扶贫项目资金整合管理办法》。费县原崔家沟村整合利用扶贫搬迁、土地增减挂钩、危房改造三项资金,投资1亿元,在镇驻地建设了崔家沟社区,作为项目安置社区。三是严格把握政策标准。实施易地搬迁过程中,严格执行国家《关于严格控制易地扶贫搬迁住房建设面积的通知》(发改地区〔2016〕429号),认真落实关于"建档立卡贫困人口人均住房建设面积不超过25平方米的要求"。

三、突出产业配套,解决易地搬迁长远需求

搬迁是手段,脱贫是目的,为保障搬迁群众能够实现与全市、全省人民同步迈入小康社会的目标,临沂市积极采取"一村多业、一户多策、一人多岗"的精准扶贫措施帮助搬迁群众脱贫增收,实现了"搬得出、稳得住、逐步能致富"的目标。一是培育特色产业。鼓励引导相关部门和企业将产业项目优先向易地搬迁村倾斜,就近发展农家乐、采摘园,以期实现就地完成劳动力转移就业。沂水县积极推广"林果兴村"模式,对搬迁后的土地集中发展林果等种植业,成立农民专业合作社,上胡同峪社区搬迁后,规划种植优质黄桃200亩,亩均收入可达2万元。费县对搬迁贫困户组织开展就业技能培训,结合上级人社、农业等部门针对贫困户的培训项目,对贫困户主要劳动力、贫困村发展带头人等开展高效种植、特色养殖、农产品电子商务、农村创业技能培训,目前已培训

建档立卡贫困人口 130 户 359 人。二是就近解决就业。着眼于让每个年龄段的群众经过培训后都能实现就近就业,三个县在社区周边大力培植服装纺织、商贸物流、板材加工等劳动密集型企业,充分吸纳群众就业,达到了"培训一人、就业一人、脱贫一户"的效果。费县崔家沟社区所在的朱田镇建设了服装产业园和保利物流园,目前已投产的 4 家服装厂可解决 1000 名妇女就近就业,物流园建成后可增加 400 人就近就业,服装工月工资 3000 元不等。诸葛镇上胡同峪村安置区附近的"元和丰""贝亿食品"被确定为脱贫攻坚就业安置点,"元和丰"安置贫困户 8 人,"贝亿食品"安置贫困户 12 人,贫困户在企业内就业务工,月收入 1000—2000 元,助力贫困户脱贫。三是壮大集体收入。积极盘活村级集体资源和自然资源,通过"土地流转、产权入股、能人带动"等形式,拓宽发展方式,创办经济实体,发展集体经济,增加集体收入。沂南县朱家林村立足实际,采用"旅游+文创+生态建筑"的开发模式,吸引社会投资,共建共享,打造"户脱贫、村增收、村民共同富裕"的扶贫工作路子。村集体成立旅游服务公司,以部分闲置房屋和土地入股旅游开发公司,享受旅游开发公司 30% 的经营利润分红;流转 400 亩土地进行集中经营,为旅游公司配套种植花卉等,每亩净收益不低于 1000 元,每年为村集体增收 40 万元;成立劳务合作社,为旅游公司配套服务,合作社提取 5% 的管理费,用于村集体积累。费县崔家沟社区通过土地复垦和土地整理,增加了 4000 多亩耕地,由村集体统一对企业出租,仅此一项就可为村集体增加年收入 240 多万元。

陕西省安康市易地扶贫
搬迁工作典型做法

安康市位于秦巴山集中连片特困地区,是川陕革命老区、秦巴生物多样性生态功能区和南水北调中线工程重要水源涵养区。"十二五"以来,全市已搬迁安置 18.8 万户 71 万人,其中搬迁贫困人口 8.4 万户 27.8 万人;2016 年搬迁贫困人口 4.15 万户 15.5 万人,是六年来搬迁最多的一年。

一、集中安置,统筹推进,同步提高
城镇化率和安置区公共服务水平

安康市坚持以集中安置为主,在布局安置点时,注重与经济社会和人口产业布局等规划相协调、相衔接,科学制定安置社区布局规划和社区建设规划,构建起"51155"空间布局规划体系,即到 2020 年,全市建成 5 个 10000 户以上的集中安置社区,11 个 5000 户以上社区,50 个 1000 户以上社区,500 个 100 户以上社区。全市已建设 30 户以上集中安置小区 928 个,社区安置占搬迁安置总户数的 86.4%。通过集中安置,集中配套完善学校、医院、文化广场等公共服务设施,提升了城镇化、公共服务均等化水平。同时,通过搬迁,盘活了农村土地、宅基地等资源,加速农村土地流转,催化现代农业园区、家庭农场、产业大户等经营模式,促进区域特色经济稳定发展。

二、以人定房，鼓励退旧，切实减轻
搬迁群众经济负担

坚持围绕精准识别对象、精准掌握情况、精准实施搬迁，全面实施以人定房，优先搬迁深度贫困户、特困户，解决其住房安全问题。对贫困程度深、想搬而搬不起的建档立卡搬迁户，按家庭人口3人60平方米、4人80平方米、5人及以上100平方米的标准建设住房，无偿提供给贫困户居住。对五保户和家庭人口2人以下户，除农村敬老院集中供养以外仍需解决住房的，按照共享共用客厅、洗漱间和集中提供用餐服务等办法，全部通过"交钥匙"工程统一建设搬迁安置房，供其无偿居住。2016年已启动建设免费住房2.3万套。同时，通过招投标、价格听证、群众代表与建设企业商讨、配建商品房补差等多种方式严格控制建房成本，实行"行政、中介、业主"三结合的质量安全监管体系，确保住房质量。其他建档立卡搬迁群众可自主选择进城或农村新型社区安置，严格按照相关政策及时足额兑付建房补助资金，组织搬入新居的贫困户及时做好旧宅腾退，并按每户最低1万元标准安排旧宅腾退资金，降低群众建房负担。

三、就业优先，综合施策，将搬迁
群众有序转变为产业工人

安康市坚持以脱贫为导向，把推动群众就业增收放在首位。按照规划选址先定产业、确定对象先选产业、搬迁安置先兴产业、后续服务先抓产业、督查考核先看产业的思路，优先谋划就业增收，实行"移民搬迁进社区、土地流转建园区、农民就地变工人"的综合承载方式，有计划、按步骤地把搬迁群众转化为产业工人，确保"搬得出、稳得住、有事做、能致富"。一是将发展区域特色主导产业与搬迁户增收致富有机结合起来，引导经济组织与搬迁群众建立紧密的利益联结机制。坚持"一区一策，一户一法"，把搬迁与脱贫致富、就业兴业有效衔接，精准到户。二是大力扶持工业园区、农业园区、旅游景区、技能培训和服务平台建设，通过带资入企促进就业、带资入社发展产业、建立基金鼓励创业的办法，促进搬迁群众致富增收。三是全面整合培训项目和资源，加大搬迁群众技能培训力度，努力做到搬迁贫困家庭子女义务教育资助、搬迁在册贫困大学生资助、搬迁家庭新增劳动力免费技能培训、搬迁家庭实用致富技术培训、搬迁群众就业创业培训、搬迁家庭外出务工返乡人员再就业培训"六个全覆盖"，确保每户至少有一项致富产业、有 1 人稳定就业。例如：该市平利县按照"政府引导、能人引领，以厂兴社、厂社融合，基地孵化、连锁推进"的思路，已经建立家庭式就业孵化基地 1 个，创办社区手工业加工厂 41 家，涵盖鞋、手套、耳机、高频变压器等产品，吸纳就业 3000 余人，从业人员年均收入 2 万元以上。四是依据贫困户实际情况，分类落实"五保"、低保、医疗救助、临时性救助等兜底保障政策，将符合条件的搬迁群众全部纳入政策范围。

四、创新管理，强化服务，增强搬迁
群众社区生活归属感

随着易地扶贫搬迁工作深入推进，大量搬迁群众迁入城市社区，搬迁群众的居住方式、生活成本、邻里关系等都发生了很大变化。为加强社区管理和服务，切实保障搬迁群众权益，增强他们的归属感，安康市出台《安康市移民搬迁社区管理指导意见》，通过完善社区组织架构、配套服务场所、拓展服务范围，采取政府基本公共服务、居民自我服务、市场有偿服务相结合的方式，更好服务搬迁群众生活。对跨区域搬迁安置群众，采取迁出地管理林和地、迁入地管理房和人方式，维护好搬迁群众切身利益。目前，全市 180 个 500 户以上社区全部成立了社区机构。例如：该市白河县探索了"居住簿"制度，实行"原籍管理地和林,社区服务房和人",即搬迁群众涉及的计划生育、民政救助、社会保障、医疗卫生、物业服务、社会治安等六个随人口走的管理与服务由新社区居民委员会管理,退耕还林、种粮补贴、土地林地确权和承包流转、村集体经济收益等方面权益继续由原籍所在村管理,有效破解了人户分离带来的社区管理和服务难题。

附　　录

I.工作大事记

◇◇◇

2015年11月27日,中央召开扶贫开发工作会议,决定实施"五个一批"精准扶贫工程。习近平总书记指出,贫困人口很难实现就地脱贫的要实施易地搬迁,按规划、分年度、有计划组织实施,确保搬得出、稳得住、有事做、能致富。

2015年11月29日,经国务院领导同志审定,国家发展改革委、国务院扶贫办会同财政部、国土资源部、中国人民银行印发实施《"十三五"时期易地扶贫搬迁工作方案》,明确了新一轮易地扶贫搬迁工作的指导思想、总体原则、主要目标和搬迁对象与安置方式、建设内容与补助标准、信贷资金运作、政策保障等内容,是"十三五"时期易地扶贫搬迁工作的指导性文件。

2015年12月1日,全国易地扶贫搬迁工作电视电话会议召开,李克强总理作出重要批示,汪洋副总理出席会议并作重要讲话,部署实施新时期易地扶贫搬迁工作,脱贫攻坚"当头炮"正式打响。

2016年3月14日,国务院副总理、国务院扶贫开发领导小组组长汪洋主持召开专题会议研究易地扶贫搬迁工作时指出,易地扶贫搬迁是生存条件恶劣地区贫困群众脱贫的根本措施,是新一轮脱贫攻坚的标志性工程,要按照党中央、国务院决策部署,紧盯脱贫目标,从实际出发,积极稳妥推进,切实做到搬迁一户,脱贫一户。

2016年8月22日至23日,全国易地扶贫搬迁现场会在贵州召开,李克强总理再次作出重要批示,汪洋副总理出席会议并作重要讲话,全面部署推进易地扶贫搬迁工作,要求进一步加强组织领导、强化脱贫导向、理顺工作机制、推进项目建设、促进自力更生、推进考核监督,确保搬迁一户,脱贫一户。

2016年9月20日,经国务院同意,国家发展改革委印发实施《全国"十三五"易地扶贫搬迁规划》,进一步细化了"十三五"时期易地扶贫搬迁工作的总体思路、迁出区域与搬迁对象、搬迁方式与安置方式、主要建设任务、资金测算与筹措、搬迁进度及投资安排、搬迁后续脱贫发展路径和保障措施,是各地推进新时期易地扶贫搬迁工作的纲领性文件。

2016年2月17日,国土资源部印发《关于用好用活增减挂钩政策积极支持扶贫开发及易地扶贫搬迁工作的通知》,允许将土地增减挂钩节余指标在省域范围内流转使用,大力支持易地扶贫搬迁工程建设。同时,为每个国家扶贫开发工作重点县专项安排新增建设用地计划600亩。

2016年2月25日,国家发展改革委印发《易地扶贫搬迁专项建设基金监督管理暂行办法》,对"十三五"时期易地扶贫搬迁专项建设基金的运作、使用和管理等作出规定。

2016年2月29日,国家发展改革委、国务院扶贫办印发《关于严格控制易地扶贫搬迁住房建设面积的通知》,按照"保基本、促脱贫"的目标要求,明确要求"建档立卡贫困户人均住房建设面积不超过25平方米",并要求有关省份切实加强对安置住房建设相关工作的督导检查,指导有关市(县)政府和组织实施部门全面准确把握政策,严格执行建设标准。

2016年3月1日,财政部、国务院扶贫办印发《关于做好易地扶贫搬迁贷款财政贴息工作的通知》,明确安排"十三五"时期建档立卡贫困人口易地扶贫搬迁低成本长期贷款规模贴息的政策,并明确了对贴息贷款的运作和管理等内容。

2016年3月17日至25日,按照国务院扶贫开发领导小组统一部署,中央农村工作领导小组办公室、国家发展改革委、国务院扶贫办、财政部、中国人民银行等五部门负责同志带队组成5个宣讲督导组,赴贵州、四川、陕西、甘肃、云南等10个易地扶贫搬迁重点省份开展政策宣讲和工作督导。

2016年3月31日,国家发展改革委、国务院扶贫办、财政部、中国人民银行联合印发《关于下达 2016 年易地扶贫搬迁任务和贴息贷款规模的通知》，向 22 个有易地扶贫搬迁任务的省份下达 249 万建档立卡搬迁建设任务和贴息贷款控制规模，并对任务分解、贷款承接和项目组织实施提出了要求。

2016 年 3 月至 6 月，国家发展改革委分别印发《关于下达易地扶贫搬迁工程 2016 年中央预算内投资计划的通知》和《关于下达 2016 年第二批易地扶贫搬迁中央预算内投资计划的通知》，分两批下达 2016 年易地扶贫搬迁工程中央预算内投资 193.6 亿元，实现了对 249 万建档立卡搬迁建设任务的全覆盖。

2016 年 4 月，为进一步统一思想，明确新时期易地扶贫搬迁政策要求，凝聚各级做好易地扶贫搬迁工作共识，国家发展改革委组织 22 个省份开展集中政策宣讲，宣讲范围下沉到县、乡、村三级。初步统计，直接听取宣讲的基层干部群众超过 20 万人。

2016 年 4 月 26 日至 27 日，国家发展改革委指导国家开发银行、中国农业发展银行举办全国易地扶贫搬迁投融资专题培训班，重点围绕投融资政策、资金运作模式、操作流程及土地增减挂钩政策等，对省级和市县级发展改革、财政、扶贫部门和省级投融资公司有关负责同志进行了培训，进一步提升干部政策理论水平和对新时期易地扶贫搬迁政策的准确理解。

2016 年 6 月，国家发展改革委组织 22 个省份就易地扶贫搬迁政策执行情况进行全面自查。各省份共派出 50 余个检查组，对 440 个县、1436 个安置区项目和 537 个迁出点进行了实地检查，入户走访建档立卡搬迁群众 2912 户 10856 人，完成新时期易地扶贫搬迁的第一次全方位"体检"。

2016 年 6 月 5 日，国家发展改革委印发《易地扶贫搬迁中央预算内投资管理办法》，明确了易地扶贫搬迁中央预算内投资管理的总体要求、计划管理、资金管理、监督管理的相关规定。

2016 年 10 月 16 日，国家发展改革委以"精准搬迁、精准脱贫"为主题，举办 2016 年扶贫日论坛易地扶贫搬迁平行论坛，来自中央农办、国家发展改革委、财政部、国土资源部、人民银行、银监会、国务院扶贫办等部门和国家开发银行、中国农业发展银行等金融机构的有关负责同志，全国 22 个有易地扶贫搬迁建设任务省份的发展改革委负责同志以及部分省、市、县和乡镇从事易地扶贫搬迁工作的干部群众，带动搬迁群众脱贫致富的部分龙头企业代表，共约180人参加论坛，解读交流政策要点，探讨各地典型经验做法，人民网全程直播。

2016年10月17日，国家发展改革委组织召开22省（自治区、直辖市）发展改革系统工作推进会。

2016年11月，国家发展改革委组织8个稽察组，重点对贵州、陕西、四川、广西、湖北、湖南、云南、甘肃等8省（区）32个县（市、区）易地扶贫搬迁进行专项稽察。

2016年12月17日，国家发展改革委、国务院扶贫办出台《易地扶贫搬迁工作成效考核暂行办法》，明确新时期易地扶贫搬迁工作考核对象、内容、程序和结果运用、奖惩措施等具体内容。

Ⅱ.全国"十三五"易地扶贫搬迁规划

◆◇◆◇◆◇◆◇◆◇◆◇◆◇◆◇◆◇◆◇◆◇◆◇◆◇◆◇◆◇◆◇◆◇◆◇◆◇◆

目　录

前　言

"十三五"时期,是全面建成小康社会的决胜阶段。为坚决打赢脱贫攻坚战,确保到 2020 年所有贫困地区和贫困人口与全国人民一道迈入全面小康社会,党中央、国务院决定,按照精准扶贫、精准脱贫要求,加快实施易地扶贫搬迁工程,从根本上解决居住在"一方水土养不起一方人"地区贫困人口的脱贫发展问题。根据《中共中央国务院关于打赢脱贫攻坚战的决定》和《国民经济和社会发展第十三个五年规划纲要》,制定本规划。

第一章　基本情况

第一节　工作基础

经国务院批准,从 2001 年开始,国家发展改革委安排专项资金,在全国范围内陆续组织开展了易地扶贫搬迁工程。截至 2015 年底,已累计安排易地扶贫搬迁中央补助投资 363 亿元,搬迁贫困人口 680 多万人。一些地方也根据本地实际,统筹中央财政专项扶贫资金、扶贫移民、生态移民、避灾搬迁等资金实施了搬迁工程。在中央和地方的共同努力下,全国已累计搬迁 1200 万人以上。

"十二五"时期,国家发展改革委加大了易地扶贫搬迁工程投入力度,搬迁成效更加明显,累计安排中央预算内投资 231 亿元,是前 10 年投入的 1.75 倍;累计搬迁贫困人口 394 万人,是前 10 年的 1.37 倍。同时,带动其他中央部门资金、地方投资和群众自筹资金近 800 亿元。5 年来,通过实施易地扶贫搬迁工程,建设了一大批安置住房和安置区水、电、路、气、网等基础设施,以及教育、卫生、文化等公共服务设施,大幅改善了贫困地区生产生活条件,有力推动了贫困地区人口、产业集聚和城镇化进程;引导搬迁对象发展现代农业和劳务经济,大幅提高收入水平,加快了脱贫致富步伐;改变了搬迁对象"越穷越垦、越垦越穷"的生产状况,有效遏制了迁出区生态恶化趋势,实现了脱贫致富与生态保护"双赢"。易地扶贫搬迁产生了良好的经济、社会和生态效益,受到搬迁对象的普遍欢迎。

第二节　面临形势

改革开放以来,在有计划、有组织大规模开发式扶贫推动下,贫困地区面貌发生了翻天覆地变化,同时也探索和总结出一系列行之有效的扶贫开发经验。党的十八大以来,党中央、国务院制定实施了一系列力度更大、强度更高的政策措施,为贫困地区加快发展和贫困人口脱贫注入了新动力。当前,我国经济发展进入新常态,正处于全面建成小康社会的决胜时期,贫困问题依然是最突出的"短板",生活在"一方水土养不起一方人"的贫困问题则是"短板"中的"短板",必须付出更大气力、采取超常规举措补齐这块"短板",持续增进贫困地区民生福祉,使贫困人口共享发展成果。习近平总书记指出,易地搬迁脱贫一批,是一个不得不为的措施,也是一项复杂的系统工程,政策性强、难度大。要拓宽资金来源渠道,解决好扶贫搬迁所需资金问题。要做好规划,合理确定搬迁规模,区分轻重缓急,明确搬迁目标任务和建设时序,按规划、分年度、有计划组织实施。李克强总理要求,各地区各部门一定要高度重视,精心部署,结合新型城镇化和农业现代化,科学编制实施易地扶贫搬迁规划,坚持群众自愿、积极稳妥原则,因地制宜选择搬迁安置方式,选好安置点,完善搬迁后续扶持政策,确保搬迁对象有业可就、稳定脱贫,做到搬得出、稳得住、能致富。2015 年底,国务院召开全国易地扶贫搬迁工作电视电话会议,对做好新时期易地扶贫搬迁工作做出全面部署、提出明确要求。国务院扶贫开发领导小组专题会议明确提出,易地扶贫搬迁工作必须紧盯脱贫目标,按照"理顺机制、明晰目标、守住底线、确保脱贫"的要求做好工作。中央领导同志的重要讲话和指示精神,为新时期易地扶贫搬迁工作指明了方向。

按照党中央、国务院决策部署,"十三五"时期,我国将加快实施易地扶贫搬迁工程,通过"挪穷窝""换穷业""拔穷根",从根本上解决约1000万建档立卡贫困人口的稳定脱贫问题。与以往相比,新一轮易地扶贫搬迁面临着前所未有的挑战。一是搬迁任务繁重艰巨。5年需要搬迁的建档立卡贫困人口约1000万人,搬迁数量在中外历史上前所未有,时间紧迫,任务艰巨。二是安置资源约束日益凸显。搬迁人口高度集中的中西部地区,山地、高原、荒漠化土地、生态脆弱区域占比高,适宜安置的水土资源匹配条件、选址空间日益受限。城镇化加速推进,使新增建设用地日益紧张。承包土地调整难度不断加大,也使搬迁安置工作受到不同以往的挑战。三是搬迁对象贫困程度更深。经过前15年的易地扶贫搬迁,有条件、有能力搬迁的贫困人口多数已经迁出,目前尚未搬迁的贫困人口,生存环境和居住条件更为恶劣、贫困程度更深,按原有政策力度难以完成搬迁,属于经过多轮扶持仍未啃下来的"硬骨头"。四是工程实施难度更大。易地扶贫搬迁涉及面广、政策性强,是一项复杂的系统工程和社会工程,既要精心组织做好安置住房、配套水电路气网等基础设施和教育、卫生、文化等公共服务设施建设,也要依据不同安置方式,扎实推进产业培育、就业培训等后续发展工作,确保实现稳定脱贫,是本轮脱贫攻坚战必须攻克的一座艰巨的"堡垒"。

同时也应看到,新时期易地扶贫搬迁工作也具备许多有利条件。一是党中央、国务院高度重视。习近平总书记、李克强总理等中央领导同志对易地扶贫搬迁工作多次作出重要指示批示,把新时期易地扶贫搬迁作为实现精准扶贫、精准脱贫基本方略的一项重大举措部署推进,明确提出目标任务和工作要求。国务院分管领导同志高度重视,多次召开会议研究部署,要求全力以赴做好易地扶贫搬迁工作,同时要求科学规划、建好平台、精准搬迁、稳定脱贫。二是政策措施保障更加有力。"十三五"期间中央将加大政府投入力度、提高补助标准,创新投融资模式,用好用活城乡建设用地增减挂钩政策,整合各类资源,拓宽资金来源渠道,为易地扶贫搬迁提供政策、资金支持。三是各地搬迁安置经验较为丰富。经过多年探索实践,各地在易地扶贫搬迁组织管理、项目建设、搬迁安置、资金管理、部门协作等方面,形成了较为规范、操作性强的工作规程和管理制度,并在体制机制方面积极创新,积累了许多宝贵经验。四是贫困人口搬迁意愿强烈。经过多年实践，易地扶贫搬迁的脱贫致富效果在贫困地区已形成广泛共识，产生了显著示范效应，依然生活在"一方水土养不起一方人"地区的贫困人口，对于通过易地扶贫搬迁实现脱贫致富的做法高度认同，搬迁意愿强烈。

第二章　总体思路

第一节　指导思想

全面贯彻落实党的十八大和十八届三中、四中、五中全会以及中央扶贫开发工作会议精神，深入贯彻习近平总书记系列重要讲话精神，牢固树立并切实贯彻创新、协调、绿色、开放、共享的新发展理念，按照党中央、国务院关于打赢脱贫攻坚战的决策部署，把精准扶贫、精准脱贫作为基本方略，瞄准建档立卡贫困人口，充分尊重群众意愿，坚持易地扶贫搬迁与新型城镇化、农业现代化建设相结合，坚持"挪穷窝"与"换穷业"并举，加大投入、创新机制，因地制宜、综合施策，确保实现搬迁一户、脱贫一户，坚决打赢易地搬迁脱贫攻坚战。

第二节　基本原则

——精准识别，精准搬迁。瞄准"一方水土养不起一方人"地区中的建档立卡贫困人口，提高搬迁对象精准识别和动态管理水平。易地扶贫搬迁各项政策、各项资金都要精准集聚，优先保障建档立卡贫困人口搬迁安置和后续脱贫，防止"大水漫灌"。

——群众自愿，应搬尽搬。充分尊重搬迁群众意愿，不搞强迫命令，防止以易地扶贫搬迁之名搞"运动式"搬迁。努力做到对建档立卡贫困人口应搬尽搬，并统筹处理好整村搬迁的建档立卡贫困人口与未纳入建档立卡的农村低保户、特困户等同步搬迁人口的关系。加强社会风险防控工作，确保有序搬迁、平稳搬迁、顺利搬迁。

——保障基本,完善配套。严格按照"保障基本、安全适用"的要求,做好建档立卡搬迁人口安置住房的规划和建设,严禁"垒大户""造盆景",防止因建房面积过大而增加搬迁群众负担,使建档立卡搬迁人口因建房而负债。统筹规划、合理布局,切实做好安置区配套基础设施和基本公共服务设施建设。

——整合资源,稳定脱贫。紧密围绕搬迁对象脱贫目标,把扶持搬迁对象后续发展摆在更加重要位置,坚持因地制宜、多措并举、精准施策,与相关专项规划充分衔接,积极探索资产收益扶贫新机制,拓宽搬迁对象稳定增收渠道,搬迁安置与产业发展同步推进,实现稳定脱贫。

第三节　主要目标

到 2020 年,实现约 1000 万建档立卡贫困人口的搬迁安置,搬迁对象住房安全得到有效保障,安全饮水、出行、用电、通信等基本生活需求得到基本满足,享有便利可及的教育、医疗等基本公共服务,迁出区生态环境明显改善,安置区特色产业加快发展,搬迁对象有稳定的收入渠道,生活水平明显改善,全部实现稳定脱贫,与全国人民一道迈入全面小康社会。

第三章　迁出区域与搬迁对象

第一节　迁出区选择条件

迁出区域主要为自然条件严酷、生存环境恶劣、发展条件严重欠缺且建档立卡贫困人口相对集中的农村贫困地区。

——深山石山、边远高寒、荒漠化和水土流失严重,且水土、光热条件难以满足日常生活生产需要,不具备基本发展条件的地区。

——国家主体功能区规划中的禁止开发区或限制开发区。

——交通、水利、电力、通信等基础设施,以及教育、医疗卫生等基本公共服务设施十分薄弱,工程措施解决难度大、建设和运行成本高的地区。

——地方病严重、地质灾害频发，以及其他确需实施易地扶贫搬迁的地区。边境一线地区不纳入迁出范围。

第二节 搬迁对象分布

迁出区范围涉及全国 22 个省（区、市）约 1400 个县（市、区）。经国务院扶贫办扶贫开发建档立卡信息系统核实，上述范围内需要实施易地扶贫搬迁的建档立卡贫困人口约 981 万人[①]。同时，各地计划同步搬迁约 647 万人。搬迁对象分布情况如下：

从区域板块看，西部地区 12 省（区、市）建档立卡搬迁人口约 664 万人（图 1），占建档立卡搬迁人口总规模的 67.7%，计划同步搬迁约 423 万人；中部地区 6 省建档立卡搬迁人口 296 万人，占建档立卡搬迁人口总规模的 30.2%，计划同步搬迁约 144 万人；东部地区 4 省建档立卡搬迁人口约 21 万人，占建档立卡搬迁人口总规模的 2.1%，计划同步搬迁约 80 万人。

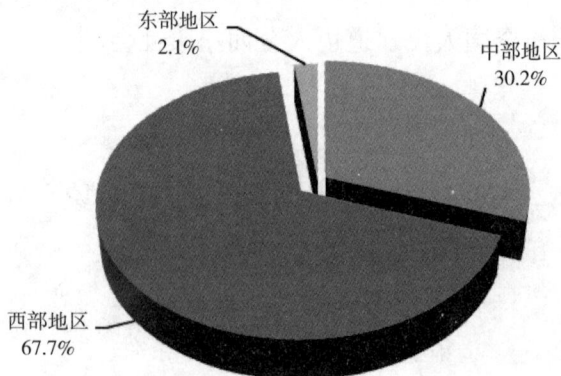

图 1 不同区域建档立卡搬迁人口分布

从政策区域看，搬迁对象主要集中在国家扶贫开发重点地区。其中，集中连片特殊困难地区县和国家扶贫开发工作重点县内需要搬迁的农村人口占 72%；省级扶贫开发工作重点县内需要搬迁的农村人口占 12%；其他地区占 16%（图 2）。

---

① 此数据为国务院扶贫办结合建档立卡"回头看"工作，截至 2016 年 5 月底通过扶贫开发建档立卡信息系统核定的建档立卡搬迁人口规模。

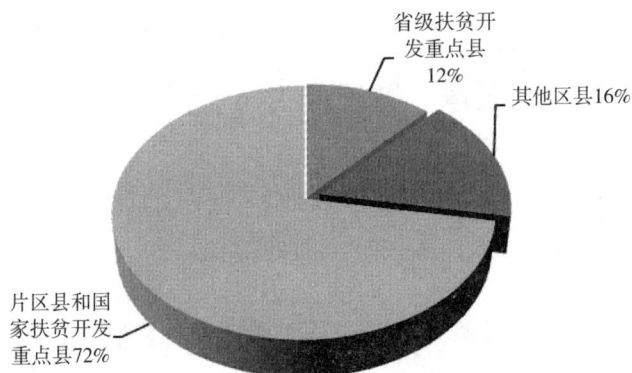

图2　不同类型县搬迁对象分布

从主要致贫因素看,迁出区与我国生态脆弱地区、地质灾害高发区和地方病多发区等地区高度重合。主要包括:因资源承载力严重不足需要搬迁的建档立卡贫困人口316万人,占建档立卡搬迁人口总规模的32.2%;因公共服务严重滞后且建设成本过高需要搬迁的建档立卡贫困人口340万人,占建档立卡搬迁人口总规模的34.7%;因灾害频发易发需要搬迁的建档立卡贫困人口106万人,占建档立卡搬迁人口总规模的10.8%;因处在国家禁止开发或限制开发区需要搬迁的建档立卡贫困人口157万人,占建档立卡搬迁人口总规模的16%;因地方病高发需要搬迁的建档立卡贫困人口8万人,占建档立卡搬迁人口总规模的0.8%;因其他原因需要搬迁的建档立卡贫困人口54万人,占建档立卡搬迁人口总规模的5.5%(表1)。

表1　不同原因搬迁人口分布　　　　　　　(单位:万人;%)

	建档立卡搬迁人口	比重	搬迁人口总规模	比重
合　计	981	100	1628	100
资源承载力严重不足地区	316	32.2	462	28.4
公共服务严重滞后且建设成本过高地区	340	34.7	593	36.4
地质灾害频发易发地区	106	10.8	210	12.9
国家禁止或限制开发地区	157	16	257	15.8
地方病高发地区	8	0.8	13	0.8
其他地区	54	5.5	93	5.7

第四章　搬迁方式与安置方式

第一节　搬迁方式

搬迁方式包括自然村整村搬迁和分散搬迁两种。其中，生存环境差、贫困程度深、地质灾害严重的村庄，应以自然村整村搬迁为主，同时，按照统一规划、分批实施的原则给予优先安排。搬迁对象中，自然村整村搬迁约565万人，占34.7%；分散搬迁约1063万人，占65.3%（图3）。

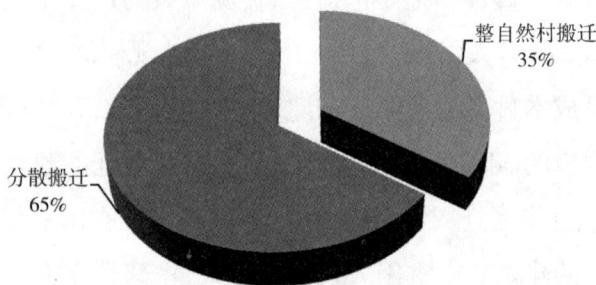

图3　不同搬迁方式人口比例

第二节　安置方式

按照群众自愿、应搬尽搬的原则，综合考虑水土资源条件和城镇化进程，采取集中安置与分散安置相结合的方式多渠道解决。其中，集中安置约1244万人，占76.4%；分散安置约384万人，占23.6%。

集中安置

——行政村内就近安置。依托靠近交通要道的中心村或交通条件较好的行政村，引导搬迁对象就近集中安置，占集中安置人口的39%。

——建设移民新村安置。依托新开垦或调整使用耕地，在周边县、乡镇或行政村规划建设移民新村集中安置，占集中安置人口的15%。

——小城镇或工业园区安置。依托新型城镇化建设，在县城、小城镇或工业园区附近建设安置区集中安置,占集中安置人口的37%。

——乡村旅游区安置。依托当地旅游、民俗文化等特色资源,因地制宜打造乡村旅游重点村镇或旅游景区,引导搬迁对象适度集中安置,占集中安置人口的5%。

——其他安置方式。特困人员、残疾人等符合集中供养条件的搬迁对象,通过纳入迁入地供养机构或建设专门住房实行集中安置,占集中安置人口的4%(图4)。

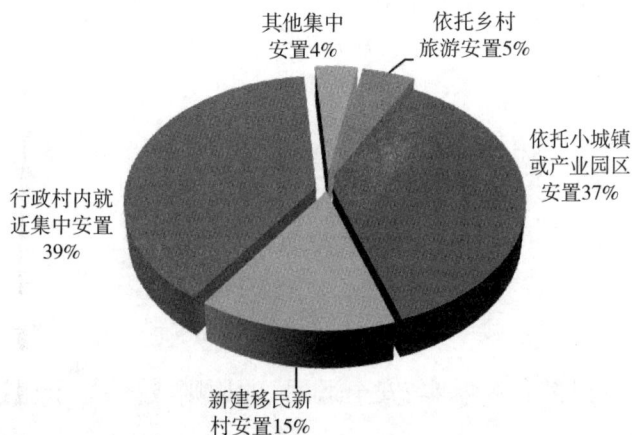

图4 不同集中安置方式下人口比例

分散安置

——插花安置。依托安置区已有公共设施、空置房屋等资源,由当地政府采取回购空置房屋、配置耕地等方式进行安置,占分散安置人口的70%。

——其他安置方式。主要为自主选择进城务工、投亲靠友等方式进行安置,占分散安置人口的30%。

第三节 集中安置区选择

遵循城乡统筹、布局优化、集约用地、规模适度的原则,规划建设集中安置区。安置区选择应符合以下基本条件:

——符合当地土地利用总体规划、城乡土地利用规划等要求,尽量利用存量建设用地、荒山和薄地,严禁占用基本农田。

——规避滑坡、泥石流、地质断裂带等自然灾害隐患点，地势相对平坦开阔，满足环境承载力要求，有安全可靠的水源保障。

——交通较为便利、基础设施和公共服务设施较为完善、产业发展具有一定基础的中心村、小城镇、产业聚集园区等地区。

——旅游景点、历史古迹、革命遗址、民俗文化等特色资源优势突出、开发利用潜力较大的地区。

此外，集中安置规模超过 200 户 800 人以上的大型安置点，应对选址进行水土资源平衡分析和资源环境承载能力评价。

第五章　主要建设任务

第一节　安置住房

建设要求。按照"保障基本、安全适用"的原则，建档立卡搬迁人口住房建设面积严格执行不超过 25 平方米/人的标准（宅基地严格按照当地标准执行），其中单人单户安置住房可采取集中建设公寓、与幸福院、养老院共建等方式解决，具体建设方式和标准由地方政府结合当地实际确定。按照一户一宅方式安置的，可以在分配的宅基地预留续建空间，稳定脱贫后可自行扩建。同步搬迁人口住房建设应在地方政府统一指导下，按照安置区规划组织实施，住房面积标准可以建档立卡搬迁人口标准为参照，由当地市县级政府酌定。新建住房结构设计执行相关建筑规范和技术标准，确保住房质量和安全。集中安置区住房建设应统一规划，工程实施可采取统建、自建、代建等方式进行。依托小城镇或工业园区安置的，地方政府可酌情采取回购符合面积控制标准的城镇商品住房的方式，但不得回购公租房、廉租房等国家已补助投资建设的住房。依托乡村旅游区安置的，安置规划及住房、基础设施、公共服务设施和商业配套等建设要符合乡村旅游特色，充分考虑旅游发展实际需求，促进安置区与景区和谐统一。

建设任务。建档立卡搬迁人口住房建设总面积约 2.2 亿平方米，同步搬迁人口住房建设总面积约1.9亿平方米。

第二节 配套基础设施

建设要求。按照"规模适宜、功能合理、经济安全、环境整洁、宜居宜业"的原则,配套建设安置区水、电、路、基础电信网络及垃圾、污水处理设施等基础设施。建设标准执行相关行业标准。

建设任务。建设安置区道路11.4万公里、铺设饮水管网14.1万公里、供配电网11.5万公里。

第三节 基本公共服务设施

建设要求。按照"缺什么补什么"和"适当留有余地"的原则,在充分利用现有基本公共服务设施能力基础上,统筹考虑今后一个时期人口流量流向,同步规划、同步建设一批教育、卫生、文化体育,以及商业网点、便民超市、集贸市场等公共服务设施。功能布局、规模配置和建设标准等,按照国家相关行业标准、技术规范和安置区建设规划执行。

建设任务。建设学校及幼儿园1612万平方米、卫生室573万平方米、其他村级服务设施2477万平方米。

第四节 土地整治

建设要求。对迁出区宅基地等建设用地,以及腾退、废弃土地进行复垦,适宜耕作的优先用于补充耕地资源。组织实施高标准农田、土地整理等工程建设,增加耕地数量,提高耕地质量,尽可能保障搬迁对象农业生产的基本土地(耕地、牧场、林地)等生产资料。建设标准遵从国家相关行业标准。

建设任务。改造基本农田595万亩,新增和改善灌溉面积478万亩、复垦宅基地280万亩。

第五节 迁出区生态恢复

建设要求。根据国家新一轮退耕还林还草的总体部署,加快对迁出区25

度以上坡耕地实施退耕。采取退牧还草、农牧交错带已垦草原治理、小流域治理、水土保持、石漠化治理、自然保护区建设等工程和自然措施,对迁出区进行保护修复,纳入相关规划。建设标准参照行业标准。

建设任务。迁出区生态修复 1543 万亩。

第六章 资金测算与筹措

第一节 资金需求测算

根据各地建设总规模、平均工程造价等数据测算,"十三五"期间,易地扶贫搬迁工程总投资约 9463 亿元。其中,建档立卡搬迁人口住房建设投资约 3094 亿元,安置区配套基础设施建设投资 1962 亿元,基本公共服务设施建设投资 866 亿元,共计 5922 亿元,占 62.58%;同步搬迁人口住房(配套基础设施和基本公共服务设施与建档立卡搬迁人口共享)建设投资约 2640 亿元,占 27.9%;土地整治、生态修复等其他费用 901 亿元,占 9.52%(表2)。

表2 总投资构成表 （单位:亿元;%）

内 容	总投资	所占比例
总投资	9463	100
建档立卡搬迁人口住房和安置区建设投资	5922	62.58
住房建设	3094	52.25
配套基础设施建设	1962	33.13
基本公共服务设施建设	866	14.62
同步搬迁人口住房建设投资	2640	27.90
土地整治、生态修复等其他投资	901	9.52

第二节 资金筹措

中央预算内投资。安排约 800 亿元,主要用于规划范围内建档立卡搬迁人口住房建设。

地方政府债务资金。在国务院批准的地方政府债务用于易地扶贫搬迁的1000亿元限额内,督促有关省份调整结构统筹安排,作为项目资本金注入各省级投融资主体,主要用于规划范围内建档立卡搬迁人口住房建设,以及包括同步搬迁人口在内的安置区配套基础设施、公共服务设施建设。

专项建设基金。通过国家开发银行、中国农业发展银行发行专项建设债券设立的专项建设基金,为市场化运作的省级投融资主体注入500亿元项目资本金,主要用于规划范围内建档立卡搬迁人口住房建设,以及包括同步搬迁人口在内的安置区配套基础设施、公共服务设施建设。

低成本长期贷款。国家开发银行和中国农业发展银行提供总规模3413亿元、贷款期限一般不超过20年的长期贷款,中央财政对贷款给予适当贴息。主要用于规划范围内建档立卡搬迁人口住房建设,以及包括同步搬迁人口在内的安置区配套基础设施、公共服务设施建设。

农户自筹资金。建档立卡搬迁人口自筹建房资金215亿元,各地计划同步搬迁人口自筹建房资金683亿元。建档立卡搬迁人口在稳定脱贫前,不得自行贷款或借款扩大住房建设面积。

地方自筹及整合其他资金。根据工程建设需要,各级政府统筹本级财力,并整合相关渠道资金、社会资金等约2858亿元。主要用于规划范围内同步搬迁人口住房,以及包括土地整治、生态修复等其他工程建设。安置区建设用地征地费用主要由地方政府自筹及整合其他资金解决。

表3 资金筹措方案一览表   (单位:亿元;%)

内　　容	总投资	所占比例
总投资	9463	100
中央预算内投资	800	8.4
地方政府债务资金	994①	10.5

①　国务院批准的用于易地扶贫搬迁的地方政府债务限额为1000亿元,并于2015年下达23个省区市,其中下达辽宁省6亿元,后经国务院扶贫办扶贫开发建档立卡信息系统核定,辽宁省无建档立卡搬迁对象且主动申请不纳入易地扶贫搬迁范围。因此,实际用于易地扶贫搬迁的地方政府债务额度为994亿元。

续表

内　容	总投资	所占比例
专项建设基金	500	5.3
低成本长期贷款	3413	36.1
农户自筹资金	898	9.5
其中:建档立卡搬迁人口	215	—
地方自筹及整合其他资金	2858	30.2

第三节　补助标准

中央预算内投资专项用于建档立卡搬迁人口的住房建设补助,并按照区域类型实行差异化补助政策。其中:河北、山西、吉林、安徽、福建、江西、山东、河南、湖北、湖南等10个东中部省份,按人均7000元标准补助;内蒙古、广西、重庆、贵州、陕西、宁夏等6个西部省份和四川、云南、甘肃3省非藏区,按人均8000元标准补助;新疆、西藏、青海和四川、云南、甘肃3省藏区,按人均10000元标准补助。

在中央预算内投资补助标准基础上,各地应综合考虑区域发展水平、安置资源条件、工程建设成本等因素,制定本地方住房建设补助标准,并向社会公告。在确保有房可住、有业可就、稳定脱贫的前提下,可采取货币化安置方式给予现金补助,补助标准应与上述标准做好衔接。

同步搬迁人口建房补助标准,由地方政府在统筹相关资源、搬迁对象自筹资金等基础上自行确定。中央预算内投资不得用于补助同步搬迁人口住房建设。

第七章　资金运作模式

第一节　资金运作主体

按照市场化运作原则,通过新设立、改造或在现有综合性投融资公司中设立子公司方式,组建省级投融资主体,并同步组建市(县)项目实施主体。

省级投融资主体。主要承接通过专项建设基金、地方政府债务注入的易地扶贫搬迁项目资本金,以及国家开发银行、中国农业发展银行等金融机构提供的低成本长期贷款。省级投融资主体所承担的易地扶贫搬迁业务与其他业务物理隔离、独立封闭运行。

市(县)项目实施主体。与省级投融资主体签订资金使用协议,从省级投融资主体承接易地扶贫相关资金,专项用于易地扶贫搬迁工程建设。

第二节　资金运作流程

一、统一建房资金运作流程

中央预算内投资。国家发展改革委结合各地年度搬迁任务,经综合平衡后,按有关程序分年下达易地扶贫搬迁中央预算内投资计划。省级发展改革委及时将年度投资计划分解下达到项目市(县),由项目实施主体直接补助到具体项目。

专项建设基金。国家发展改革委根据国务院扶贫办扶贫开发建档立卡信息系统核定的建档立卡搬迁人口分省规模,将 500 亿元易地扶贫搬迁专项建设基金一次性明确分省(区、市)控制规模。省级发展改革委和国家开发银行、中国农业发展银行据此协商确定两行各自承担规模,报国家发展改革委备案。国家发展改革委将基金规模转至国家开发银行、中国农业发展银行,由两行发行专项建设债券筹集资金设立基金后,作为资本金注入省级投融资主体。省级投融资主体将基金资金拨付到市(县)项目实施主体。

地方政府债券资金。省级政府发行地方政府债券筹集资金,作为资本金注入省级投融资主体。省级投融资主体将地方政府债券资金拨付到市(县)项目实施主体。

低成本长期贷款。国家开发银行和中国农业发展银行在国家政策确定限额内发放易地扶贫搬迁贷款,所需资金通过在银行间债券市场发行易地扶贫搬迁专项金融债券筹措。省级投融资主体作为借款主体,承接国家开发银行、中国农业发展银行发放的低成本长期贷款。市(县)项目实施主体从省级投融资主体承接资金,用于易地扶贫搬迁工程项目建设。

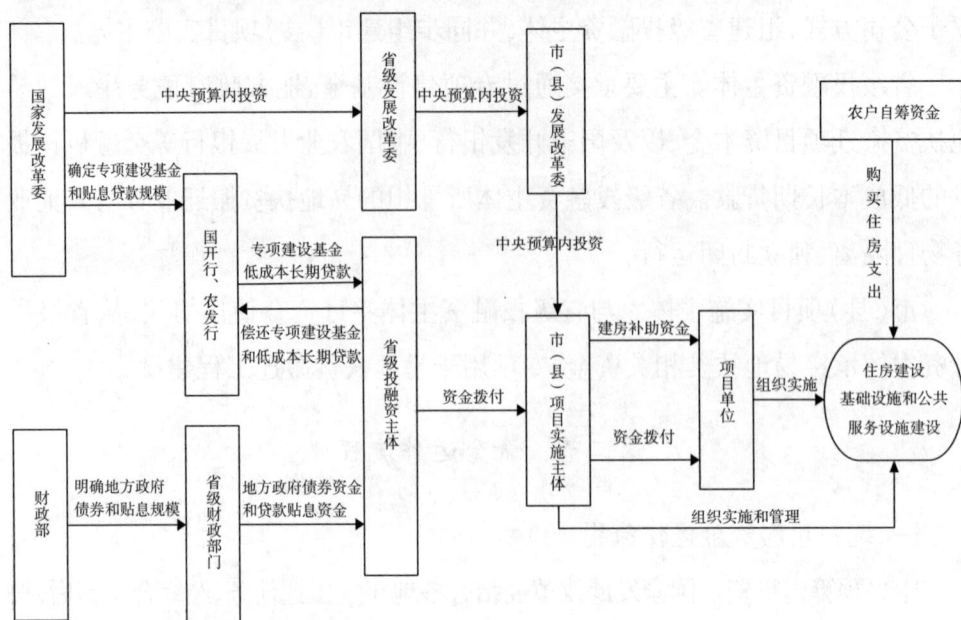

图5 统一建房资金流向示意图

二、农户自建住房资金运作流程

农户自建住房资金运作模式与统一建房总体相同,对自行建设住房的建档立卡搬迁人口,省级投融资主体可将符合条件的资金按一定的标准依法合规予以补助。

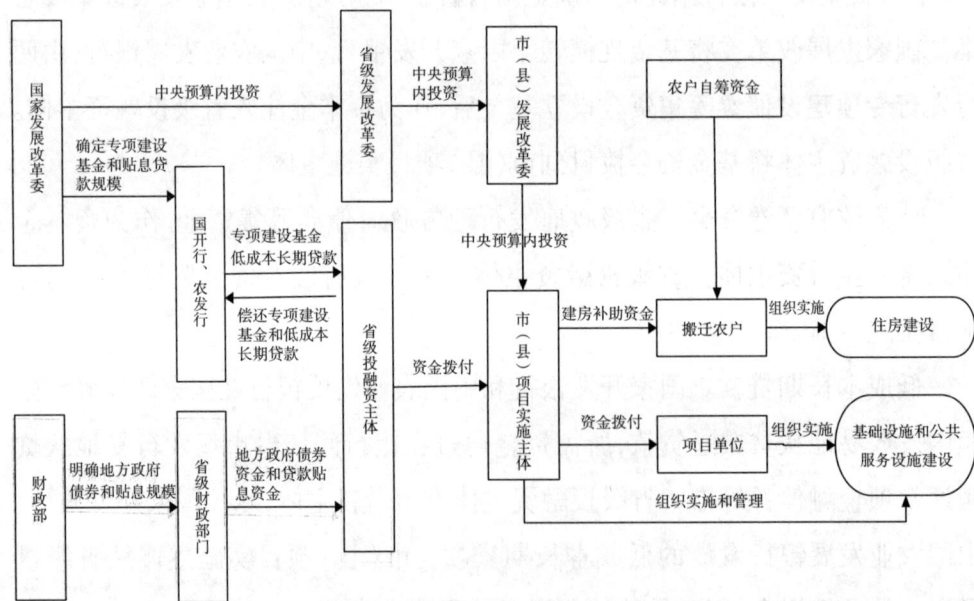

图6 农户自建住房资金流向示意图

第三节　信贷资金运作模式

由市场化运作的省级投融资主体按照"统贷统还"模式承接贷款,不纳入地方政府债务。省级政府出台相关政策统筹地方可支配财力(含土地出让形成的纯收益),支持投融资主体还贷。构建省级投融资主体与市(县)项目实施主体之间顺畅的信贷资金衔接机制。省级政府授权有关部门作为购买主体与省级投融资主体签署政府购买服务协议。省级投融资主体根据有关部门汇总的市县贷款需求,统一向银行申请贷款,与银行签署借款合同,从银行获得资金。市(县)项目实施主体从省级投融资主体承接银行贷款,并按照本地实施规划或年度实施计划将信贷资金用于易地扶贫搬迁工程项目建设,确保工程进度和信贷资金合规使用。

易地扶贫搬迁原有宅基地具备还耕条件的,全部纳入城乡建设用地增减挂钩项目并予以优先安排。省级国土资源部门建立易地扶贫增减挂钩工作台账,对全省增减挂钩指标统一管理,指导集中连片特困地区县、国家扶贫开发工作重点县、开展易地扶贫搬迁的贫困老区将增减挂钩节余指标在省域内流转使用,用好用活城乡建设用地增减挂钩政策。

第八章　搬迁进度及投资安排

第一节　搬迁进度

2016—2020年,全面完成约981万建档立卡搬迁人口搬迁脱贫任务。各省(区、市)根据搬迁人口数量、减贫目标,统筹安排好建档立卡搬迁人口和同步搬迁人口的搬迁进度,详见表4。

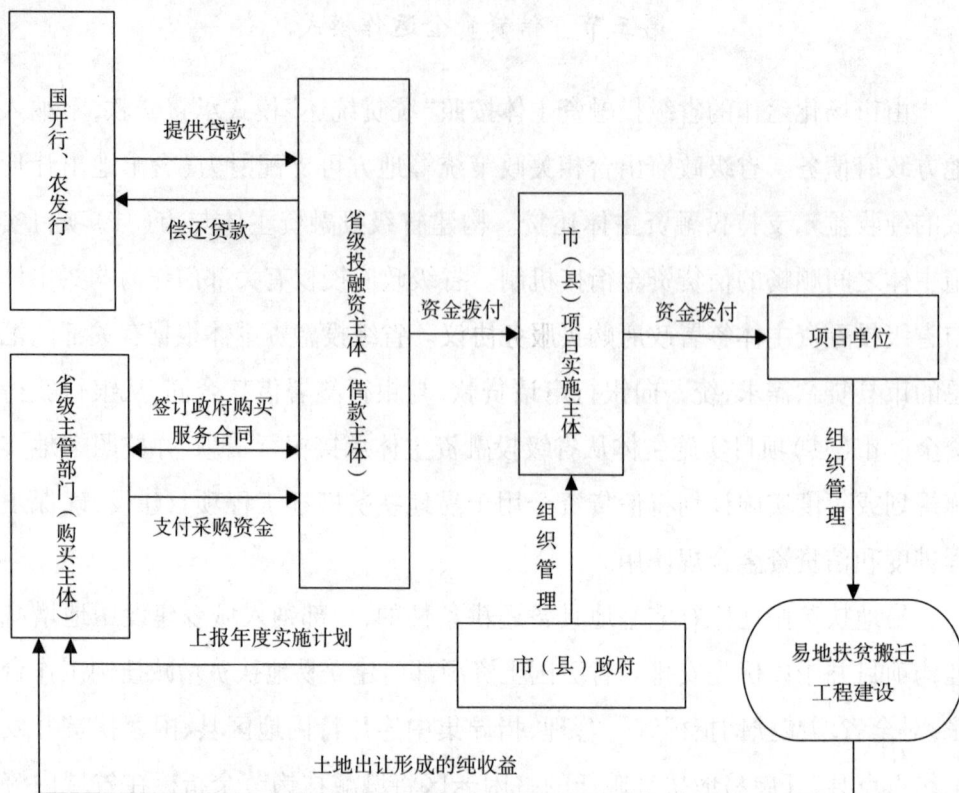

图7 省级"统贷统还"运作模式

表4 "十三五"时期搬迁任务进度表 （单位：万人）

内容	合计	2016	2017	2018	2019	2020
建档立卡搬迁人口	981	249	340	280	100	12
同步搬迁人口	647	171	217	184	68	7
合　计	1628	420	557	464	168	19

第二节　工程进度

易地扶贫搬迁相关工程随安置和建设进度逐年开展，详见表5。

表 5 "十三五"时期工程建设进度表

（单位：万平方米；万公里；万亩）

内容	合计	2016	2017	2018	2019	2020
住房	41468	10827	14359	11462	4331	489
其中建档立卡人口住房	21908	5572	7608	6266	2238	224
道路	11.4	2.7	3.4	3	2.2	0.1
饮水管网	14.1	2.7	4.8	4.1	2.4	0.1
电网	11.5	2.6	3.9	3.6	1.3	0.1
学校及幼儿园	1612	318	566	526	148	54
卫生院所	573	108	221	187	43	14
其他村级服务设施	2477	420	1099	752	192	14
基本农田改造	595	135	187	165	80	28
新增及改善灌溉面积	478	125	145	143	60	5
宅基地复垦	280	64	85	72	42	17
迁出区生态恢复	1543	320	541	478	170	34

第三节　投资安排

建档立卡搬迁人口规划总投资 5922 亿元。具体投资进度安排见表 6。同步搬迁人口投资进度，由各地结合资金筹措、项目实施进度情况自行安排，不作统一规定。

表 6 "十三五"时期建档立卡搬迁人口投资安排进度表

（单位：亿元）

内容	合计	2016	2017	2018	2019	2020
总投资	5922	1463	1939	1625	683	212
中央预算内投资	800	160	160	160	160	160
省级投融资主体统筹安排资金①	4907	1248	1704	1404	501	50
搬迁对象自筹资金	215	55	75	61	22	2

---

① 含专项建设基金、地方政府债券资金、低成本长期贷款等资金。

第九章　建档立卡搬迁人口脱贫发展

以建档立卡搬迁人口为扶持对象，立足安置区资源禀赋，依据不同搬迁安置模式，通过统筹整合财政专项扶贫资金和相关涉农资金，支持发展特色农牧业、劳务经济、现代服务业等，探索资产收益扶贫等方式，确保实现稳定脱贫。搬迁任务完成后，易地扶贫搬迁相关剩余资金可用于对建档立卡搬迁人口的后续扶持。

第一节　发展特色农林业脱贫一批

对于行政村内就近集中安置和建设移民新村集中安置的建档立卡搬迁人口，采取补贴补助、技能培训、技术服务、信息发布、示范带动等扶持政策措施，鼓励引导其面向市场需求，发展特色种植、高效养殖、林下经济、设施农业、休闲农业等，拓展农业多种功能，推进农村一二三产业融合发展，确保每个家庭都有脱贫产业，每个有劳动力的家庭至少有一人掌握一门劳动技能。按照因地制宜、各具特色、产业化经营的思路，制定安置区产业发展规划，择优发展水果、蔬菜、茶叶、马铃薯、木本粮油、特色经济林、竹子、中药材、花卉、苗木等特色产业；科学规划种植、养殖业结构和布局，有序推进设施农业、设施养殖业，大力发展高附加值农林产品；积极推进规模化、集约化、标准化建设，在安置区培育家庭农林场、专业大户、农民合作社、农业产业化龙头企业等新型经营主体，推进产业基地建设，形成龙头带基地、基地联农户、经纪人促流通的模式，完善利益联结机制，努力增加农民经营性收入。促进安置区农产品加工，提高农产品加工转化率。结合市场需求，加大农林业科技培训，科研机构、农林业技术推广部门对口建立技术示范点，并选派专业技术人员包点进户指导。在建档立卡搬迁人口中选择一批参与迁出地生态保护与修复，积极开发护林员岗位。

第二节　发展劳务经济脱贫一批

把发展劳务经济作为持续增加收入的主要途径。对于依托工业园区、产业基地、小城镇、旅游景区、乡村旅游区安置的建档立卡搬迁人口,当地政府要努力拓宽就业创业渠道,加强就业指导和劳务输出工作,鼓励引导他们向旅游服务业、商贸流通业、交通运输业、工业企业等二、三产业转移。加大对建档立卡搬迁人口劳务输出培训投入,统筹使用各类培训资源,以就业市场需求为导向,完善"订单式""定向式"培训模式,确保有培训意愿和劳动能力的建档立卡搬迁人口至少接受一次职业培训,掌握一项就业技能。健全安置区公共就业服务体系,建立基层劳动就业和社会保障服务平台,加强输出地和输入地劳务对接,按照政府引导、部门主抓、中介搭桥、能人带动的方式,引导建档立卡搬迁人口就地就近就业或向经济活跃区域转移就业,确保建档立卡搬迁人口中有劳动能力和就业意愿的家庭成员至少有一人实现就业。加快培育劳务中介机构,密切与用人企业的联系,为建档立卡搬迁人口转移就业提供优质服务。支持本地企业优先吸纳建档立卡搬迁人口就业,政府补助资金支持的工程建设项目,应优先使用本地建档立卡搬迁人口务工。

第三节　发展现代服务业脱贫一批

充分发挥县城、小城镇、中心村等区位优势,扶持建档立卡搬迁人口从事农副产品营销、餐饮、家政、仓储、配送等服务业。加强安置地商贸流通、供销、邮政等系统物流服务网络和设施建设,加快物流服务业发展。加大"互联网+"扶贫力度,推进现代信息技术应用于安置区农业经营、管理和服务。加大电商扶贫培训力度,鼓励建档立卡搬迁人口开设网店和电子商务服务点,拓宽农产品销售渠道。深入实施乡村旅游扶贫工程,引导和支持社会资本开发建档立卡搬迁人口参与度高、受益面广的旅游项目,支持本地宾馆饭店、景区景点优先吸纳建档立卡搬迁人口就业。积极发展多种形式的休闲度假、旅游观光、健康养生、养老服务、乡村手工艺等产业,实现收入来源多样化。

第四节　资产收益扶贫脱贫一批

积极探索"易地扶贫搬迁配套设施资产变股权、搬迁对象变股民"的资产收益扶贫模式。对投入安置区的设施农业、养殖、光伏、乡村旅游等项目形成的资产，具备条件的可折股量化给建档立卡搬迁人口。水电、矿产等资源开发占用集体土地的，通过赋予集体股权的方式，让建档立卡搬迁人口分享资源开发收益。引导建档立卡搬迁人口以农村土地承包经营权、林权、宅基地使用权、大型农机具等折价入股专业合作社和龙头企业，带动建档立卡搬迁人口增收。有条件的地方，可通过盘活农村闲置房屋、集体建设用地、"四荒地"、林场和水面等资产、资源发展休闲农业和乡村旅游；支持安置地发展物业经济，探索建立物业合作社，将商铺、厂房、停车场等营利性物业产权量化到户到人，增加财产性收入。

第五节　社会保障兜底脱贫一批

完善农村最低生活保障制度，将所有符合条件的搬迁对象纳入低保范围，做到应保尽保。有条件、有需求的地区可以实施"以粮代赈"。搬迁对象基本医疗保险实行属地管理并做好迁出地、迁入地关系转移接续工作。搬迁后转为城镇居民的，与当地城镇居民享有同等教育、养老保险、社会救助、社会福利等社会保障政策；搬迁后仍保留农村户籍的，在原住地享受的最低生活保障、医疗救助、养老保险等政策不变，由迁出、迁入地县级政府安排做好转移接续工作，解除搬迁对象后顾之忧。引导农村贫困人口积极参加续保，逐步提高保障水平。

第十章　保障措施

第一节　加强组织领导

严格落实中央统筹、省负总责、市县抓落实的管理体制。省级政府对本省易地扶贫搬迁工作负总责,组织编制省级规划、确定目标任务、制定配套政策和资金筹措方案、监督检查、考核验收等工作,建立完善省内工作协调机制,层层落实责任。市县政府是易地扶贫搬迁的组织实施主体,负责搬迁对象的组织动员、审查认定、安置区选址,以及落实建设用地和工程组织实施,统筹做好土地调整、迁出区生态修复和土地复垦、户籍迁移、上学就医、社会保障、社会管理等相关工作。搬迁过程中要同步加强基层党组织建设,完善党组织设置,充分发挥党组织战斗堡垒作用和党员先锋模范作用,做好群众思想政治工作,团结带领群众脱贫致富。

第二节 加大政策支持

统筹各类政策资源,全力做好建档立卡贫困人口搬迁安置和稳定脱贫工作。中央财政加大对易地扶贫搬迁重点省份的转移支付力度。鼓励省级政府在权限范围内制定项目建设税费减免、省级投融资主体和市(县)项目实施主体税费减免等优惠政策。新增建设用地计划指标优先保障易地扶贫搬迁工程用地需要。按照应保尽保的要求,城乡建设用地增减挂钩指标进一步向易地扶贫搬迁地区倾斜。集中连片特困地区、国家扶贫开发工作重点县和开展易地扶贫搬迁的贫困老区,可将增减挂钩节余指标在省域范围内流转使用。建立易地扶贫搬迁用地手续办理审批绿色通道,提高用地审批效率。支持县级政府统筹整合财政专项扶贫资金和相关涉农资金,发展安置区后续产业。鼓励金融机构通过扶贫小额信贷、扶贫贴息贷款、创业担保贷款等方式,为符合条件的搬迁对象和安置区龙头企业提供产业信贷支持。对劳动技能偏低、就业困难并有培训意愿的搬迁对象,按规定全部纳入职业技能培训计划进行培训。鼓励和支持建档立卡搬迁人口通过农村电子商务、休闲农业、农产品深加工、民俗工艺、乡村旅游等就业创业,对吸纳一定比例建档立卡搬迁人口就业的企业,积极落实税费减免政策。加强安置地社会保障服务体系建设,确保搬迁对象充分享受与当地居民同等的社会保障政策。搬迁对象户籍实行属地管理,减免户籍转换和户口迁移中的各类费用。切实维护搬迁对象农村土地(林地)承包经营、农村集体经济组织成员、村民自治等基本权益。

第三节　强化监督管理

易地扶贫搬迁项目严格按照投资项目相关管理规定执行，简化审批手续，优化审批流程，认真落实项目公告公示制度，主动接受社会监督。建立和完善项目建设信息统计报告制度，定期汇总上报工程建设进度、投资安排使用、建档立卡搬迁人口脱贫效果等情况。加强项目管理，建立健全项目档案制度。对建档立卡搬迁人口和同步搬迁人口的资金安排、使用实行分类管理。建立健全资金管理台账制度。国家开发银行、中国农业发展银行加强贷前审查、贷中管理和贷后信贷资金监管，保证资金及时支付，严格做到专款专用，有效防范信贷风险。省级投融资主体按照"物理隔离、封闭运行"的要求规范运行。

第四节　建立考核机制

出台易地扶贫搬迁工作成效考核办法，明确考核指标和具体考核步骤。建立易地扶贫搬迁督查制度，形成定期督查、定期通报的机制。建立奖励机制，对易地扶贫搬迁工作成效突出的省份给予奖励。

第五节　开展宣传动员

充分利用广播、电视、报纸、网络等新闻媒体，加大易地扶贫搬迁政策和工作成效宣传，总结交流工作经验，营造良好氛围。大力宣传搬迁地和搬迁对象自力更生、艰苦创业的精神，充分调动其主动性、积极性和创造性，引导光荣脱贫，确保各项工作有力有序推进，如期完成易地扶贫搬迁目标任务。

总 策 划:李春生
责任编辑:郑海燕 张 燕 吴焰东 高晓璐 孟 雪
封面设计:林芝玉
责任校对:吕 飞

图书在版编目(CIP)数据

全国易地扶贫搬迁年度报告(2017)/国家发展和改革委员会 编. —北京:
人民出版社,2017.5
ISBN 978 - 7 - 01 - 017602 - 4

Ⅰ.①全… Ⅱ.①国… Ⅲ.①不发达地区-扶贫-移民-研究报告-中国- 2017
Ⅳ.①G632.4②F126

中国版本图书馆 CIP 数据核字(2017)第 064003 号

全国易地扶贫搬迁年度报告(2017)
QUANGUO YIDI FUPIN BANQIAN NIANDU BAOGAO(2017)

国家发展和改革委员会 编

人民出版社 出版发行
(100706 北京市东城区隆福寺街 99 号)

北京中科印刷有限公司印刷 新华书店经销

2017 年 5 月第 1 版 2017 年 5 月北京第 1 次印刷
开本:787 毫米×1092 毫米 1/16 印张:18.25
字数:261 千字

ISBN 978 - 7 - 01 - 017602 - 4 定价:60.00 元

邮购地址 100706 北京市东城区隆福寺街 99 号
人民东方图书销售中心 电话 (010)65250042 65289539